*Med naturens
rytm som guide*

ANNA LINDER

Med naturens rytm som guide

© 2024 ANNA LINDER

ALLA RÄTTIGHETER FÖRBEHÅLLNA. HELA ELLER DELAR AV BOKEN FÅR
INTE REPRODUCERAS ELLER ANVÄNDAS PÅ NÅGOT SÄTT UTAN
UTTRYCKLIGT SKRIFTLIGT TILLSTÅND FRÅN FÖRFATTAREN.
DET ENDA UNDANTAGET ÄR ANVÄNDNINGEN AV KORTA UTDRAG
I EN RECENSION ELLER SOCIALA MEDIER.

FÖRSTA UTGÅVA, KARTONNAGE 2023
ANDRA UTGÅVA, POCKET 2024
ISBN 9798339427322

INNEHÅLLET I DEN HÄR BOK PUBLICERADES 2020 SOM
ÅTTA SEPARATA GUIDER OCH HAR SEDAN DESS DISTRIBUERATS
GRATIS I DIGITAL FORM VID VARJE DEL I ÅRSHJULET.

OMSLAGSBILD AV ANNIE SPRATT VIA UNSPLASH.
INLAGA SATT I NOTO SANS OCH PLAYFAIR DISPLAY
ANNA LINDER, FÖRFATTARE & FORMGIVARE
MAGNITUD, KVARNVÄGEN 2J TUN, SVERIGE
ANNALINDER.COM

"We can no longer hear the voice of

the rivers, the mountains, or the sea.

The trees and meadows are no longer

intimate modes of spirit presence.

The world about us has become an

'it' rather than a 'thou.'"

Thomas Berry – The Great Work

Tack

När det kommer till uppskattning är jag djupt tacksam till två enastående personer som har tillfört förtrollning och magi på min resa.

REBECCA ANUWEN *är en sann guide som lotsade mig in i månens och årstidernas rytmer. Hennes visdom och kunskap har fördjupat mitt liv, och jag är oändligt tacksam.*

MOUNA BOUSLOUK, *en kär vän, är avgörande för att den här boken har blivit till. Hennes orubbliga uppmuntran och entusiasm har varit den drivande kraft som förvandlat detta projekt till en bok.*

Till er båda vill jag rikta mitt innerliga tack för er närvaro i mitt liv.

Innehåll

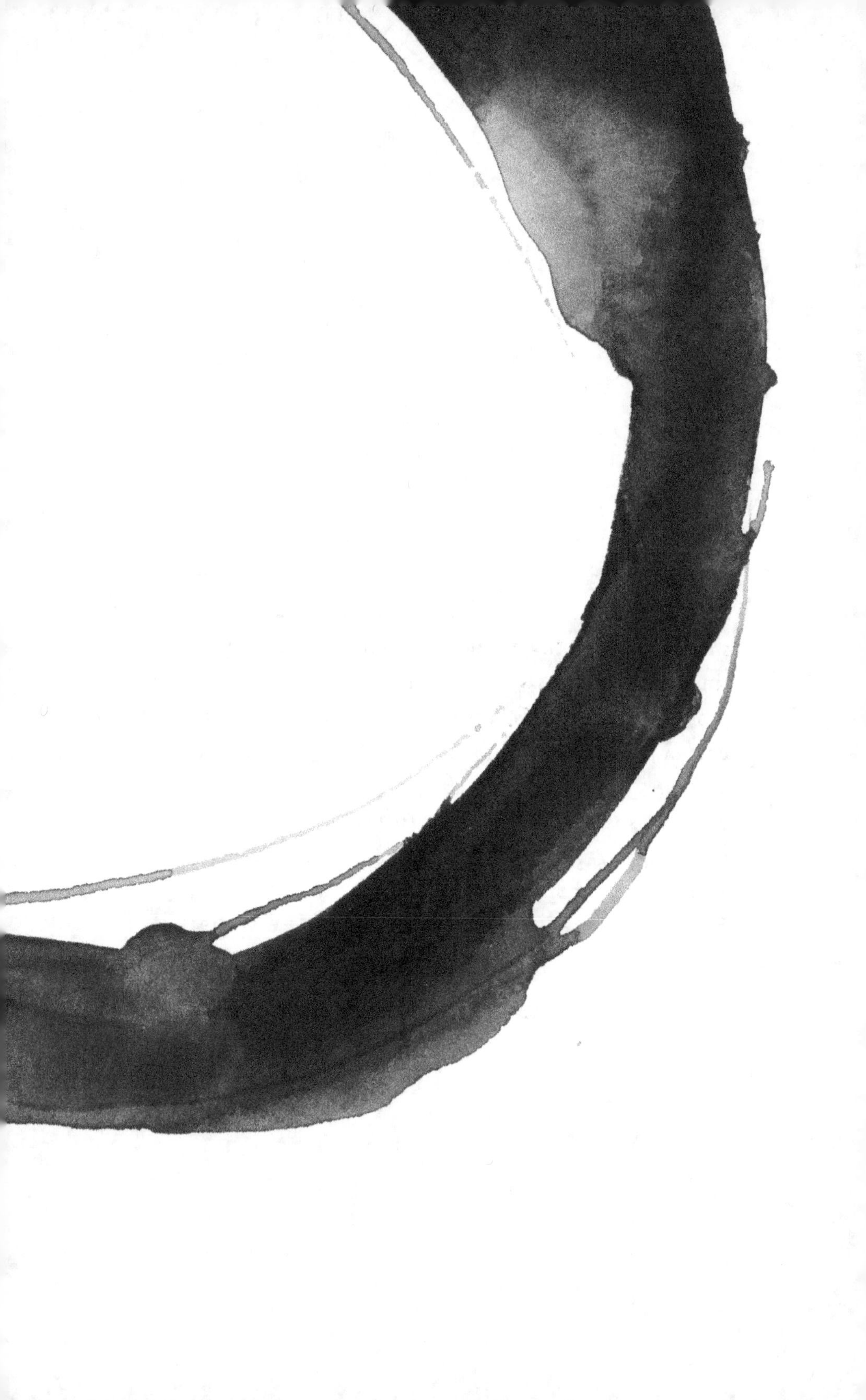

Årstidsrytmen

Det var inte förrän jag bodde med naturen tätt inpå mig som min kropp blev påmind om att jag behövde vila, djup återhämtande vila.

Och med landskapets skiftande energier närmare inpå blev det omöjligt för mig att fortsätta i ett tempo som var det motsatta till naturens.

Under åren har jag, steg för steg, lärt mig hur jag påverkas av årstidens växlingar, när min energi är hög eller låg, när jag känner kraft och styrka och när jag behöver vara omtänksam mot mig själv.

Den här guiden är mitt försök att få dig att hitta din unika rytm.

— Anna Linder

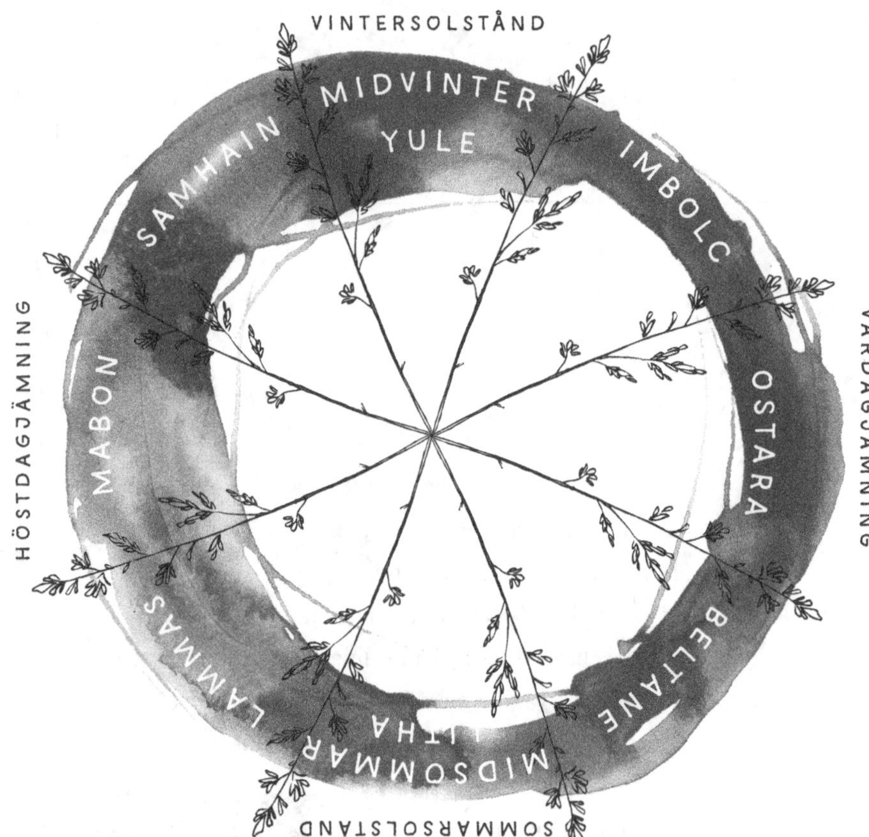

SAMHAIN	31 oktober
YULE | VINTERSOLSTÅND	21/22 december
IMBOLC	2 februari
OSTARA | VÅRDAGJÄMNING	19/22 mars
BELTANE	1 maj
LITHA | SOMMARSOLSTÅND	20/22 juni
LAMMAS	1 augusti
MABON | HÖSTDAGJÄMNING	22/23 september

Årshjulet

Årshjulet är en cyklisk kalender som bygger på hedniska och naturbaserade trosföreställningar och ritualer. Årshjulets rötter är oklara, men det är nära besläktad med den keltiska kalendern som kretsar kring åtta årstidsfestivaler. De åtta delarna är baserade på Moder Jords rytm och naturens, solens och månens samspel.

Som guide till årstiderna hjälper årshjulet oss att bli mer medvetna om förändringarna i våra omgivningar och vi kan börja notera hur vår egen rytm och unika behov skiftar med årstiderna.

Vinter, vår, sommar och höst - årstider som vi alla känner till men inte alltid tänker på som guider som kan skapa rytm, energi och balans i livet.

Om vi lägger till fyra mittpunkter mellan solstånden och dagjämningarna får vi årshjulet.

Åtta tillfällen att uppmärksamma årstidernas växlingar, naturens rytm och skiftningar, och en början till att känna dem inom oss.

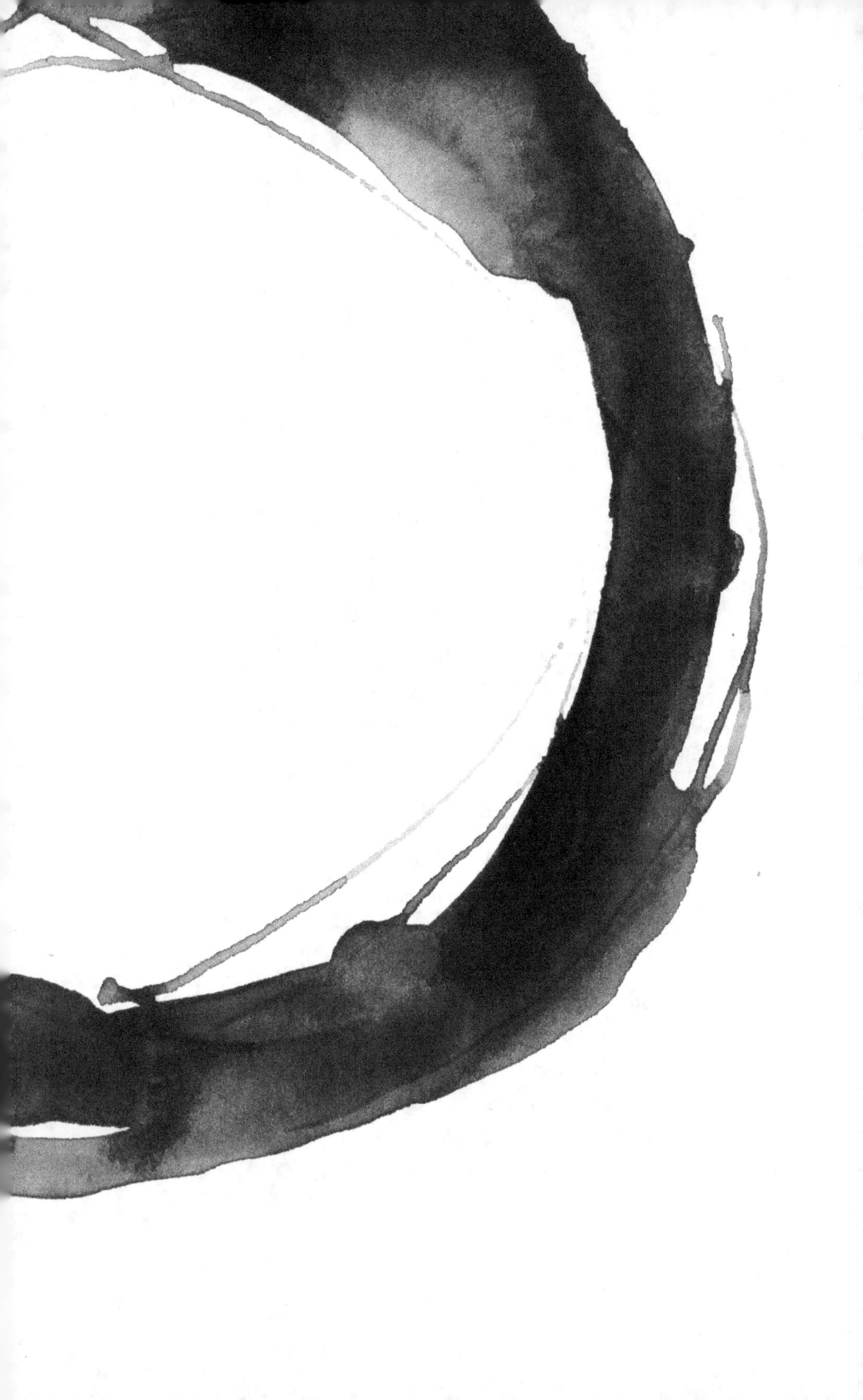

Samhain

TID ATT VILA OCH MÖTA MÖRKRET

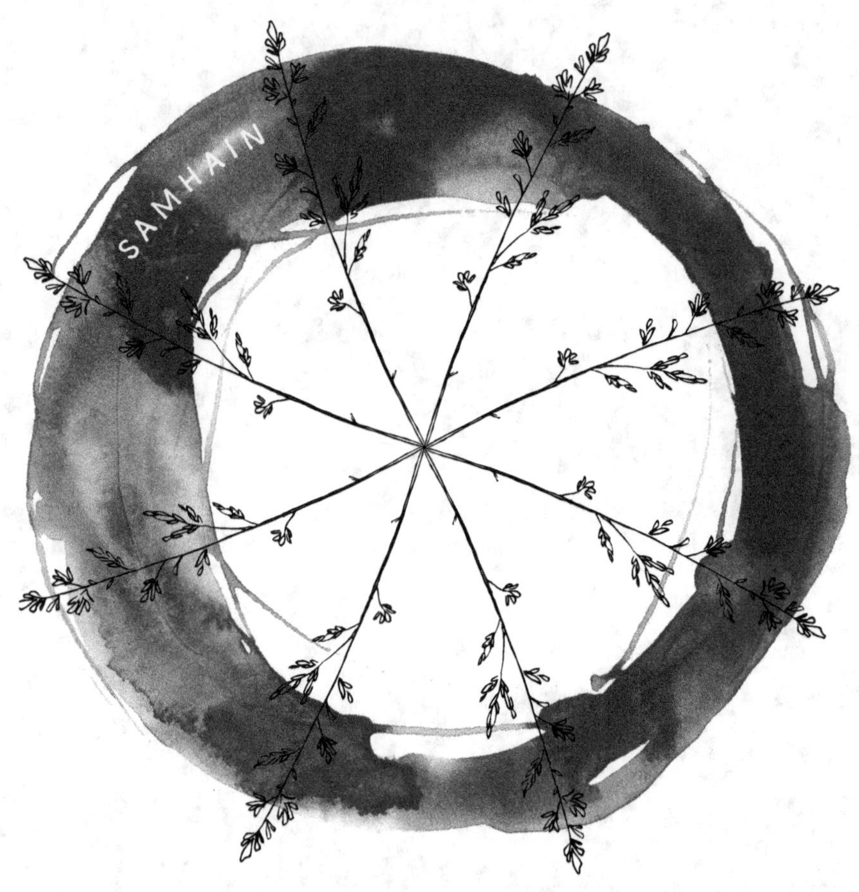

SAMHAIN

Tid att vila och möta mörkret

Dagarna blir kortare, mörkret blir mer och mer märkbart. I naturen ser vi att träden har släppt taget om sina löv som nu ger jorden ett skyddande täcke. Frosten nyper tag i växtligheten och det första snöfallet är inte långt bort - om det inte redan kommit.

Naturen vilar, saven återvänder till rötterna och samlar kraft och precis som naturen behöver vi människor en tid av vila, återblick, reflektion och avslut. Och magi.

Hedra, fira & omfamna mörkret

Det här är en tid då slöjan mellan vår värld och de dödas värld är som tunnast och vi hedrar våra förmödrar och förfäder. Samhain firas den 31 oktober och i stora delar av världen firas liknande högtider den här tiden på året.

Samhain är wiccas och häxornas nyår, ett dygn för ritualer och möten med de döda. Och för att ta farväl av solen, göra avslut och omfamna mörkret.

HEDRA & FIRA DINA FÖRMÖDRAR & FÖRFÄDER

Duka med en extra plats vid middagsbordet den 31 oktober och låt någon av dina förmödrar eller förfäder ta plats vid bordet.

Besök eller bjud in någon av dina levande äldre släktningar och låt dem berätta om sitt liv, minnen och familjehistorier.

OMFAMNA MÖRKRET

Gå ut i naturen på natten. Eller låt mörkret omsluta dig hemma och bara var i mörkret.

Vad händer i dig? I dina tankar? Vill du fly, sjunka djupare in? Vilka känslor känner du? Hur reagerar din kropp?

Vila

Vi är i perioden mellan höstdagjämning och vintersolstånd, den mörkaste tiden på året. Naturen omkring oss vilar och djuren förbereder för vinterdvala - vad gör du?

Fortsätter du köra på i samma tempo eller kanske till och med ökar för att hinna med "allt"? Hur lång är din att göra lista och hur många "jag ska bara" behöver du klara av innan du blir klar? När får *du* vila?

Vila betyder troligen inte att du kan sova dig igenom den här perioden (även om tanken kanske lockar) men hur kan du vila?

Vila kan vara att dra ner på tempot, ge dig själv mer tid, längre tid att klara vardagssysslorna, mer timmar till ett jobbprojekt eller mer närvaro i stunden, med familjen eller vännerna.

Den här tiden på året ser jag till att inte lägga till något på min att göra lista. Jag avslutar sant jag påbörjat under året och stryker de där punkterna på listan som jag aldrig kommer till.

Jag ger mig själv mer omtanke, min yoga blir mer yin-fokuserad och promenader bli stunder att strosa.

VAD SKULLE DU BEHÖVA FYSISKT, PSYKISKT, SJÄLSLIGT OCH ANDLIGT JUST NU?

ÄR VILA OCH ÅTERHÄMTNING NÅGOT SOM KÄNNS AVLÄGSET JUST NU? VARFÖR?

Utforska

Vad händer i naturen omkring dig den här tiden på året? Hur ser det ut hos dig?

Du behöver inte ha tillgång till djupa skogar, milsvida landskap eller ens en egen trädgård för att utforska naturens rytm. Det räcker att kliva utanför dörren och notera hur luften känns mot din hud, i dina näsborrar och hur det påverkar dig.

Lägg till ett träd, ett par buskar eller en liten park som du ser mer eller mindre dagligen och uppmärksamma skiftningarna och förändringar.

Addera alla sinnen, jordens doft, färgerna och hur marken känns under dina fötter.

Vilka signaler får du? Hur känns energin? Och påverkar det dig?

REFLEKTION *Jag trivs i mörkret, med de gråmulna dagarna och den höga luften en klar morgon. Lugnet i naturen ger mig ett inre lugn och jag slappnar av på ett sätt som jag inte kan under någon annan årstid.*

Det här är min tid för att återknyta kontakten med mig själv och hitta tillbaka in i kroppen och sortera och rensa tankarna.

VI ÄR ALLA OLIKA OCH UPPLEVER DEN HÄR TIDEN PÅ ÅRET PÅ OLIKA SÄTT.
HUR BRUKAR DU UPPLEVA DEN HÄR PERIODEN NÄR DAGARNA BLIR KORTARE OCH
MÖRKRET OMFAMNAR OSS? HUR BRUKAR DU AGERA OCH REAGERA?

TROTSA VÄDRET.

Gå ut så mycket du kan. Det finns inget som rensar tankarna så bra som en promenad där vädret är det mest påtagliga. Och vilken njutning att sen komma in i värmen.

LJUS, LJUS OCH MERA LJUS.

Det här kan vi, men ibland glömmer vi bort de enkla sätten. Släpp in dagsljuset på dagen och tänd levande ljus när mörkret faller.

STROSA

När himlen är klar och luften hög, strosa. Att promenera utan mål eller syfte kan vara de svåraste eller enklaste som finns. Titta upp, titta ner, sväng in på en ny stig eller stanna och ta in dofterna.

Återblick
Reflektion
Avslut

Samhain är en tid av död och återfödelse, avslut och återblick, reflektion och vila. En period att se tillbaka på året som gått ur olika perspektiv och lämna det vi inte vill ha med oss.

Det finns inte ett rätt sätt att göra det på och har du ett eget sätt som du tycker om så håll fast vid det.

Om inte, så innehåller de kommande sidorna frågor att utforska, fundera över och känna in. Att skriva ner orden som rör sig i huvudet är ett sätt, att uttrycka sig med färger och former ett annat. En del frågor vill du kanske bara bära med dig i tanken.

Gör det på ditt sätt.

Gör det i din takt.

Och bara om du vill.

VILKA ÄR DINA STARKASTE MINNEN AV ÅRET SOM GÅTT?
HUR FICK DE DIG ATT MÅ / FÖRÄNDRAS / KÄNNA?

VILKA MÄNNISKOR HAR VARIT BETYDELSEFULLA FÖR DIG UNDER ÅRET?
VAD FICK DE DIG ATT KÄNNA / GÖRA OCH HUR HJÄLPTE DET DIG?

VAD TYCKER DU ATT DU LÄRT DIG OM DIG SJÄLV?

Återblick

JAG HAR UTFORSKAT

JAG HAR OMFAMNAT

JAG HAR LÄMNAT BAKOM MIG

JAG HAR LÄRT MIG SÄGA NEJ TILL

Avsluta

Avsluta

Magi

AVSLUT

För att markera ett avslut kan det vara skönt att att rent fysiskt göra sig av med det du inte längre vill ha med dig.

Skriv ner det på papper, rita en bild eller skapa något som representerar det du vill släppa taget om eller lämna bakom dig.

Att bränna upp (på ett säkert sätt) eller begrava orden, teckningen eller tinget är två sätt att göra symboliska avslut - men det finns fler sätt.

Om du lyssnar på din intuition och instinkt vet du vad du behöver göra.

BÖRJAN

Låt tarot- eller orakelkorten guida dig för det kommande årshjulet. Dra åtta kort - ett för varje högtid och del av årshjulet.

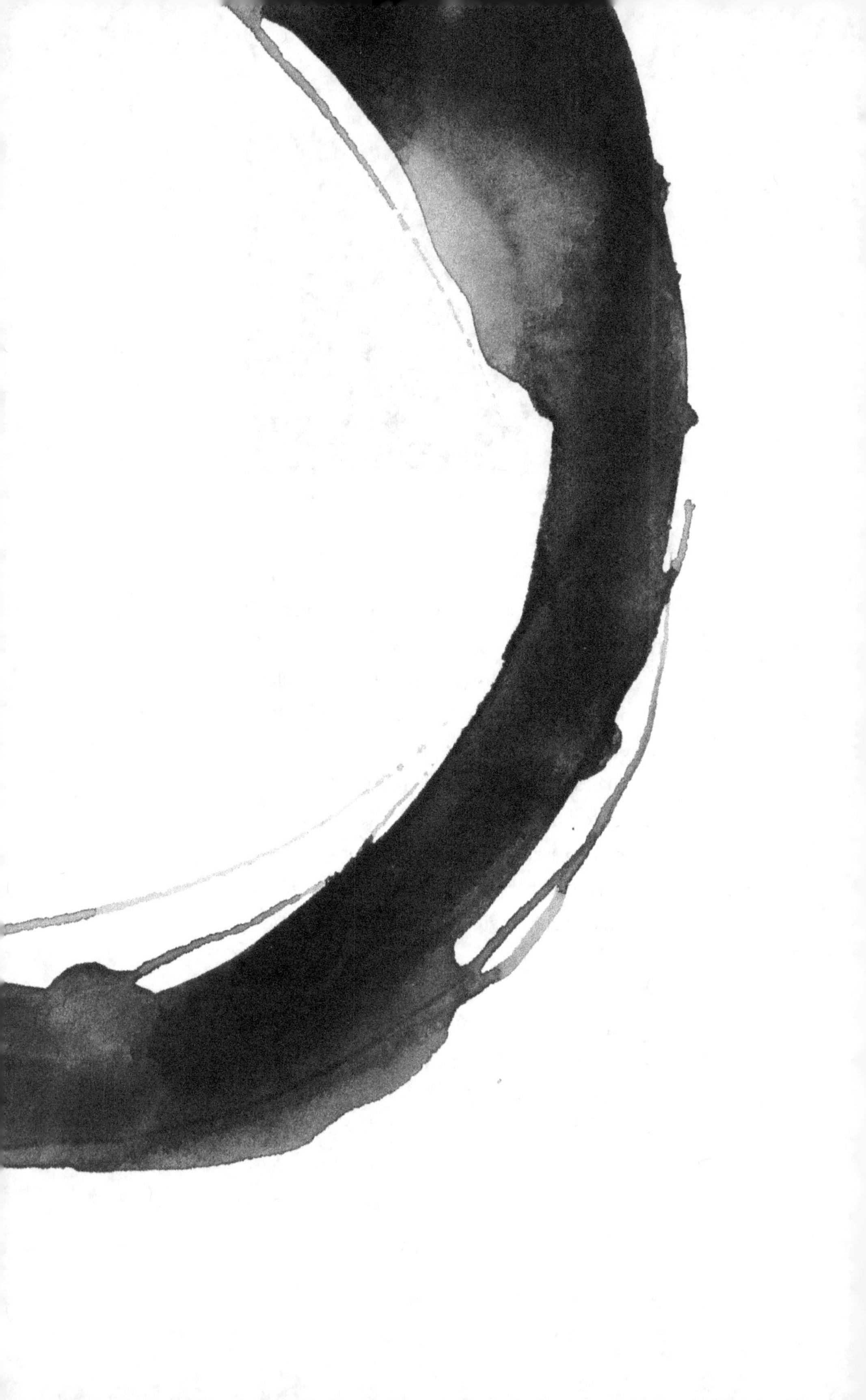

Midvinter
NÄRING, KRAFT & OMTANKE - INIFRÅN

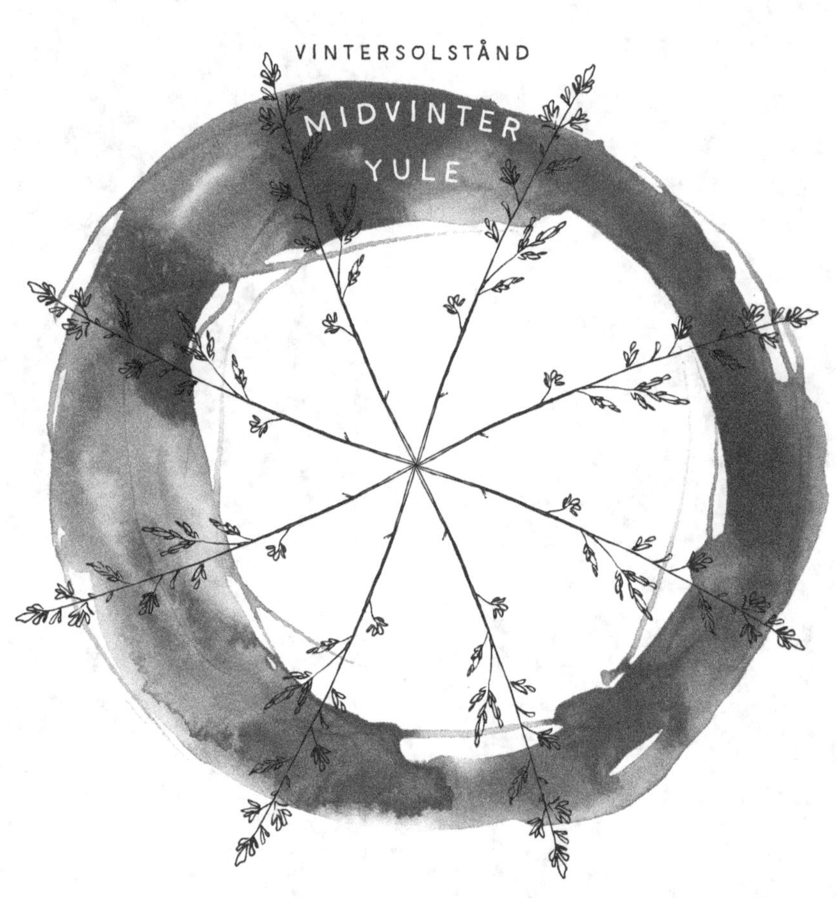
VINTERSOLSTÅND
MIDVINTER
YULE

Omtänksamhet
& kraft inifrån

Vänder vi blicken till naturen så här års kan det se ut som absolut ingenting händer — men under ytan förbereder sig naturen för en kommande vår.

Djupt nere i jorden vilar de frön som ska fyllas med näring för att kunna komma till liv och blomma. Löv, fallna grenar, torkade växter och jord ger en skyddande vila till övervintrande djur och insekter.

Vi människor behöver också ta hand om det som finns djupt inom oss innan vi skapar nya löften, mål och planer.

Precis som i naturen, är det här en tid för att ge oss själva näring, kraft och omtanke — inifrån — innan vi startar med nya aktiviteter, projekt och idéer.

Den
mörkaste
dagen

Mitt i den hektiska upptakten till jul- och ny-årsfirande infaller årets mörkaste dag. Kanske blir det en dag du bara genomlider eller så blir det en dag du ger dig själv en paus, omgiven av tända ljus och en stund att lyssna inåt.

ALLT STÅR STILL

När vi nästan tappat tron på att ljuset nånsin ska komma tillbaka, stannar solen upp och under ett par dagar går den upp på samma punkt — allt verkar stå still - för att sedan vända och ge oss mer dagsljus.

Försök hitta tid, om så bara en stund, för att komma hem till dig själv och din kropp. Var uppmärksam på dina behov, behöver du tyst-nad, lugn och tid ensam eller bara med de allra närmaste, två eller fyrbenta.

Om natten är klar, ta dig ut och beskåda natthimlen. Midvinternatten sägs vara den mest magiska — vilka önskningar vill du sända ut i universum?

VÄLKOMNA LJUSET

Vintersolståndet markerar årets mörkaste dag och längsta natt. Samtidigt är det den punkt då årshjulet vänder och ljuset börjar komma till-baka.

Att tända ljus i alla fönster, skapa ett altare av en mängd vita stearinljus är ett enkelt sätt att välkomna Moder Sol tillbaka.

Näring

Vintersolståndet, den mörkaste dagen på året, inleder den här perioden men slutet på december är också en period präglad av familjetraditioner och förväntningar samtidigt som vi kan vara dränerade på energi. Att balansera allt som drar i oss med försök till nya tag om välmående, relationer, karriär och fritid kan kännas övermäktigt.

Att ge sig själv näring kan börja med små, små steg som väcker en nyfikenhet och glöd som gör att vi vill ta hand om oss själva.

Vi låter energin och kraft skapas inifrån, som trädens rötter och fröets kärna, med det som på riktigt är viktigt för oss.

HUR TAR DU HAND OM DIG SJÄLV FYSISKT, MENTALT, KÄNSLOMÄSSIGT OCH AND-
LIGT?

KÄNNER DU ETT MOTSTÅND TILL ATT GE DIG SJÄLV OMTANKE OCH KÄRLEK? VAR-
FÖR?

Utforska

Vad händer i naturen omkring dig den här tiden
på året? Hur ser det ut hos dig?

Du behöver inte ha tillgång till djupa skogar,
milsvida landskap eller ens en egen trädgård för
att utforska naturens rytm. Det räcker att kliva
utanför dörren och notera hur luften känns mot
din hud, i dina näsborrar och hur det påverkar
dig.

Har du möjlighet så hitta en plats, ett träd, ett
par buskar eller en liten park som du ser mer el-
ler mindre dagligen och uppmärksamma skift-
ningarna och förändringar över tid.

Addera alla sinnen, jordens doft, färgerna
och hur marken känns under dina fötter.

Vilka signaler får du? Hur känns energin?
Och påverkar det dig?

REFLEKTION

Jag längtar efter barndomens snöfyllda vintrar, de gav hela min värld en speciell slags magi och skönhet. Nu försöker jag istället hitta magi genom att bekanta mig med träden omkring mig. Se björkens hängen som väntar på värme, de evigt gröna barrträden och den stolta eken som ger ekorrarna vinterföda.

VI ÄR ALLA OLIKA OCH UPPLEVER DEN HÄR TIDEN PÅ ÅRET PÅ OLIKA SÄTT.
HUR BRUKAR DU UPPLEVA DEN HÄR TIDEN NÄR LJUSET LÅNGSAMT ÅTERVÄNDER
OCH ETT NYTT ÅR INLEDS? HUR BRUKAR DU AGERA OCH REAGERA?

Sätt dig bekvämt till rätta på en plats där du kan vara ostörd. Ta ett par andetag. Lägg märke till var det finns spänningar i din kropp.

Rikta uppmärksamheten till dina fötter, spänn alla muskler i fötterna och tårna—håll spänningen i några sekunder och släpp sen taget.

Fortsätt sen med vadmuskeln, hela underbenet, låret, baken, magen, bröstkorg, skuldror, armar, händer, nacke och ansikte.

Spänn, håll och slappna av.

Ibland kan det kännas omöjligt att släppa spänningen, förstärk med ord som: släpp taget, öppna, slappna av.

Ta åter ett par andetag och notera om din kropp känns annorlunda än när du började.

Sitt kvar. Försök behålla kontakten med kroppen. Har du en kopp med varm dryck du kan sluta händerna omkring den. Låt ögonen vandra över rummet, ut genom fönstret. Andas in. Andas ut.

Omtänksamt
Nyfiket
Uppmärksamt

Midvinter är en tid för att vända inåt och skapa kraft för nytt liv. Precis som i naturen så behöver de frön som finns inom dig fyllas med näring för att kunna komma till liv och blomma.

Det här är en period då vi kan skapa en bra jordmån för att bli och vara nyfikna på vårt eget liv. Och ge oss själva näring, kraft och om-tanke — inifrån — innan vi tar steget och visar omvärlden vad vi vill, önskar och tänker göra.

Det finns inte ett rätt sätt att göra det på och har du ett eget sätt som du tycker om så håll fast vid det.

Om inte, så innehåller de kommande sidorna frågor att utforska, fundera över och känna in.

Gör det på ditt sätt.

Gör det i din takt.

Och bara om du vill.

MIN KROPP LÄNGTAR EFTER

MITT HJÄRTA & MIN SJÄL LÄNGTAR EFTER

JAG ÄR RÄDD FÖR

DET HÄR GER MIG ENERGI

DET HÄR GÖR MIG LEDSEN ELLER DRÄNERAR MIG PÅ ENERGI

DET HÄR FÅR MIG ATT LE

Omtanke

HUR VILL DU SPENDERA DIN TID? VARFÖR?

VAD VILL DU HA UTRYMME ATT GÖRA MER AV? VARFÖR?

Nyfiket

OM DU BLÄDDRAR TILLBAKA TILL DINA SVAR PÅ FÖREGÅENDE SIDOR - HITTAR DU
NÅGOT DÄR SOM KAN VARA ETT FRÖ ATT UTVECKLA? NÅGOT DU SKULLE VILJA SE
BLI VERKLIGHET?

HAR DU ELLER KAN DU SKAPA FYSISKT, MENTALT OCH KÄNSLOMÄSSIGT UTRYMME
FÖR ATT FÖRVERKLIGA DET?

Uppmärksam

Magi

När jul- och nyår har passerat kommer januarilugnet — en fin tid att börja drömma om och hitta frön till årets livsträdgård.

- Promenera och se vilka träd eller växter som fångar din intresse. Gå närmare och se vilka spår av kommande liv du kan hitta i och omkring dem.
- Ta hand om dina inomhusväxter, vad behöver de och påminner det dig om något du behöver.
- Låt stjärnhimmeln inspirera dig till att drömma bortom vad du tror är möjligt.
- Gör ett te fyllt av smak och väldoft för att stimulera dina sinnen. Ingefära, honung, kryddnejlika, kanel, apelsinskal och stjärnanis skapar både väldoft och välmående så här års.

SMÅ SOLAR OCH VINTERLJUS

Att välkomna solen och bjuda in ljuset kan du göra på många sätt och vid flera tillfällen under den här perioden.

Det är inte bara en påminnelse om dagsljus utan också om vår förmåga att kunna tända ljuset och elden inom oss själva.

Har du lyckan att bo där det finns snö så låt barnet i dig göra snölyktor som lyser upp vinternatten eller låt citrusfrukter blir små inomhussolar.

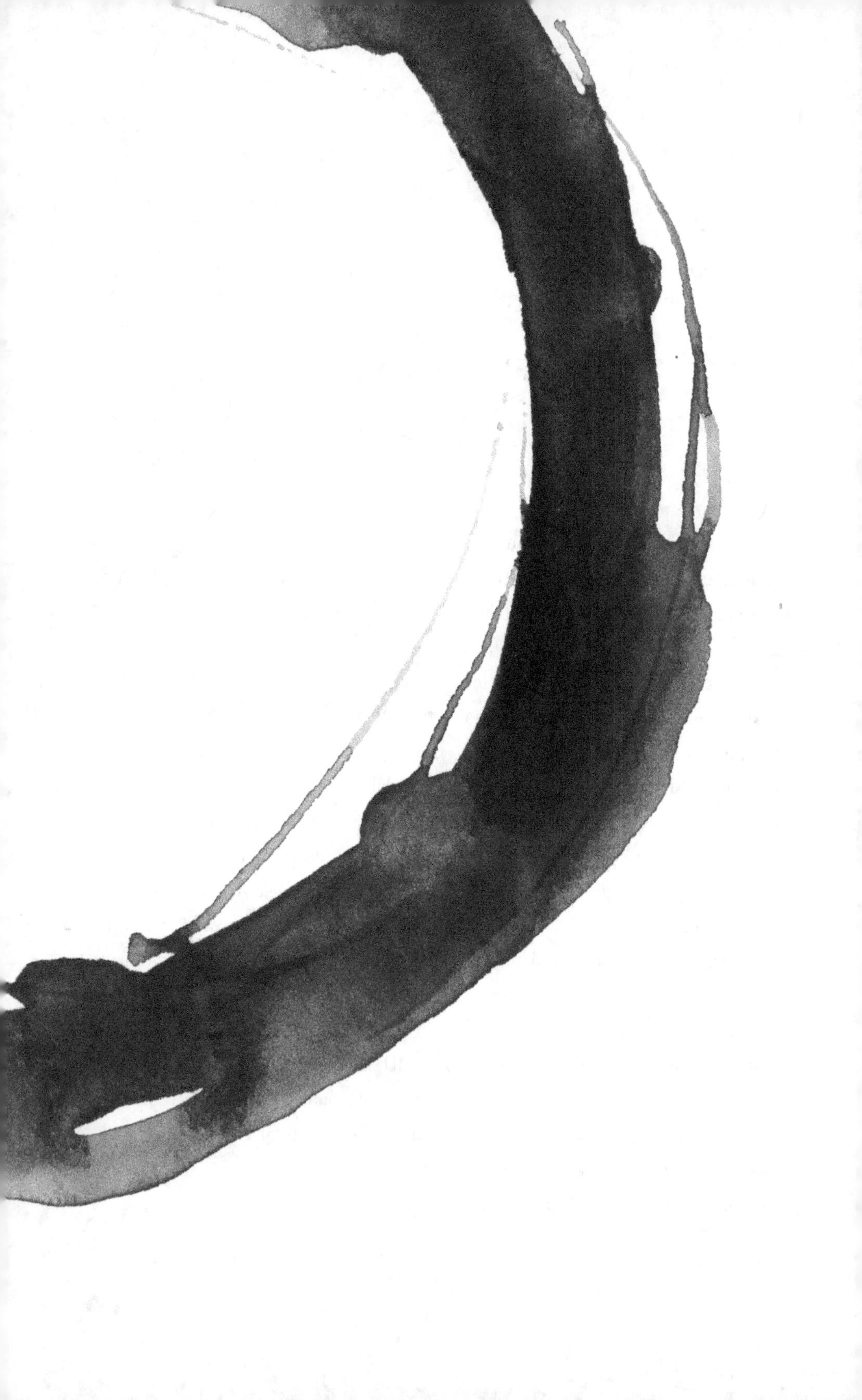

Imbolc
ATT SKYNDA LÅNGSAMT

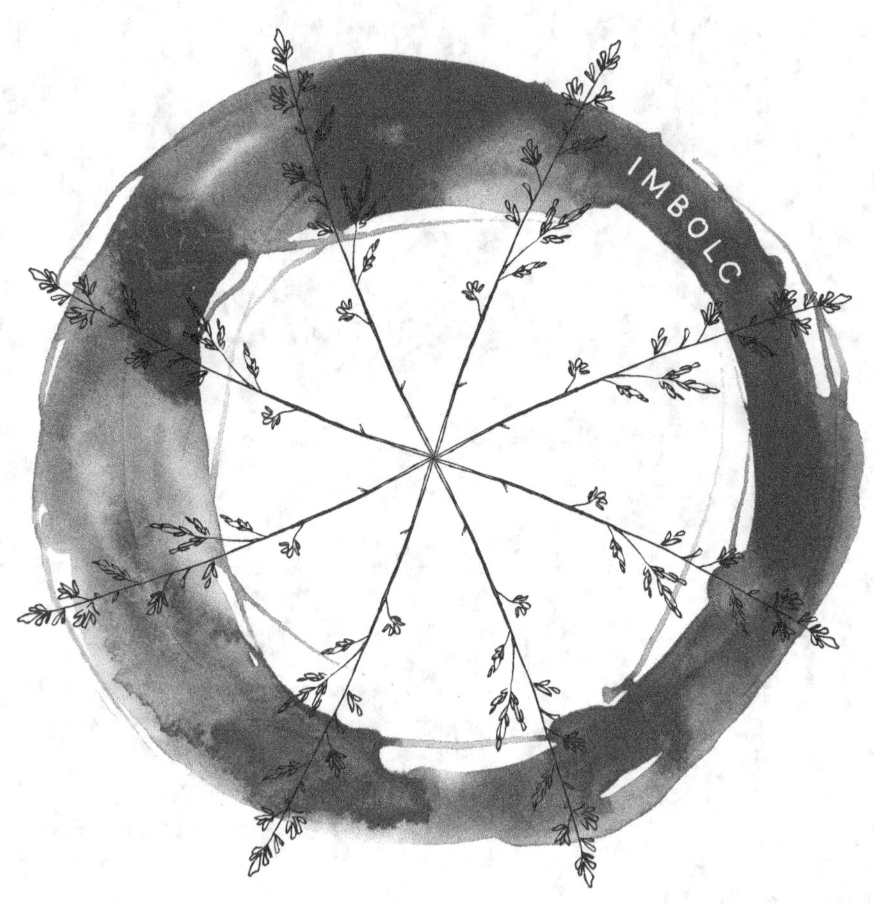

IMBOLC

Att skynda långsamt

Vi är i brytningstiden mellan vinter och vår, en nyckfull period då växtligheten förbereder sig under jord i väntan på värme och ljus.

På våra norra breddgrader kan våren kännas både långt borta och precis runt knuten. Den ena dagens smått värmande solstrålar står mot nästa dags ymniga snöfall.

För oss människor kan den här tiden bjuda på motstridiga känslor, energin börjar stiga samtidigt som vi kan känna oss enormt trötta, otåligt vill vi komma igång och få saker gjorda samtidigt som vi bara vill låta saker vara precis som de är.

Litar vi på vad vi ser i naturen kan vi försöka skynda långsamt och skapa utrymme för det som växer lite djupare inom oss.

Välkomna
ljus & värme

Imbolc är det keltiska namnet på dagen mellan vintersolstånd och vårdagsjämning och kännetecknas av ordets bokstavliga betydelse – i magen. Under jorden vänder fröet sig så att det kan gro, inom oss växer idéer och planer. Under Imbolc-firandet visar vi vår längtan efter vår och välkomnar värme och ljus.

ELD & VATTEN

Att tända en eld kan vara både en symbolisk och praktisk handling.

Efter vintervilan kan vi behöva tända vår egen inre eld och jaga bort mörkret och stagnerad energi. Att samlas runt en öppen eld utomhus och fira att ljuset nu övervinner mörkret är ett alternativ, att tända alla lampor och ljus hemma är ett annat.

Vatten i rörelse är en tydligt tecken på att våren är på väg och även en symbol för rening. Ge dig ut i naturen och sök upp en bäck, älv eller öppet vatten – doppa hela eller delar av dig och notera hur det påverkar din energi.

IDUN & BRIGID

I nordisk tradition är Idun bärare av ljus och vår, i keltisk är det Brigid. Båda representerar den unga i treenigheten och är symboler för fertilitet, hopp och kreativitet. Hylla dem genom att att göra dina egna symboler för skapar- och växtkraft.

Skapa utrymme

I brytningstider, tider av förändring, som perioden mellan vinter och vår är, kan vi känna oss pressade att sätta igång med allt på en gång och att gå från noll till hundra med milslånga att göra listor som resultat. Kanske både för att vi vill och för att vi känner att vi borde.

Tittar vi till naturen så vet vi att allt inte kommer till liv eller börjar blomma på en gång. Vi vet också att ingenting växer sig starkt om det inte får en bra början. Att skapa utrymme för nytt att växa fram handlar både om att rensa bland de gamla och ge näring åt det nya.

Och kanske även att redan nu gallra lite bland alla nya idéer, projekt och måsten.

VAD BEHÖVER MEST NÄRING HOS DIG JUST NU – DET FYSISKA, MENTALA, KÄNSLO-
MÄSSIGA ELLER ANDLIGA?

ÄR DET NÅGON DEL I DIG ELLER DITT LIV SOM BEHÖVER VILA LITE LÄNGRE INNAN
DET KAN FYLLAS PÅ MED ENERGI?

Utforska

Hur ser det ut i naturen där du är just nu? Vad händer i naturen omkring dig den här tiden på året? Vad kan du se med blotta ögat och vad anas?

För att utforska naturens rytm behöver du inte ha tillgång till djupa skogar, milsvida landskap eller ens en egen trädgård. Att kliva ut genom dörren och notera hur luften känns mot din hud, i dina näsborrar och hur det påverkar dig räcker.

Att uppmärksamma förändringarna på en och samma plats över tid är ett annat sätt att börja närma sig rytmen i naturen.

Addera alla sinnen, dofter, färgerna och hur marken känns under dina fötter.

Vilka signaler får du? Hur känns energin? Och påverkar det dig?

Det fascinerar mig hur växterna klarar av att ta sig igenom ett snötäcke för att låta sina knoppar bli synliga och få del av det ljus som finns så här års. Längtan efter ljus är stark och att trotsa kylan för att få njuta av de första värmande solstrålarna är något vi nordbor är duktiga på. Den första koppen kaffe utomhus – vilken lycka!

VI ÄR ALLA OLIKA OCH UPPLEVER DEN HÄR TIDEN PÅ ÅRET PÅ OLIKA SÄTT.
HUR BRUKAR DU UPPLEVA DEN HÄR TIDEN MELLAN VINTER OCH VÅR, BÖRJAN
OCH AVSLUT OCH NY ENERGI? HUR BRUKAR DU AGERA OCH REAGERA?

ATT KOMMA TILL LIV

Så här års är media fyllt med tips på vad vi ska göra för att detoxa, bli lustfyllda och glada. Bara tanken på att komma igång kan kännas överväldigande. Så gör det lilla och sök det enkla.

- Dansa – två minuter tokdans kan göra massor med humöret.
- Sätt på favoritlåten och sjung med full styrka.
- Krydda maten lite extra – kryddstarkt sätter fart på blodomloppet.
- Drick vatten – ja det tjatas alltid om det, men det gör skillnad.
- Fyll på med färg – vårblommor ger både doft och färg.
- Andas in. Andas ut.

För att blåsa ännu mer liv i oss själva och våra hem så öppna alla fönster och låt ny luft fylla rum och lungor.

Insikt
Utrymme
Livskraft

Nyckfull och tveksam och samtidigt resolut och stabil – naturen vet vart den är på väg men vårvintern känns kanske lite mer ambivalent för oss.

Längtan är stor att se våra frön, bokstavliga eller bildliga, gro och spira och att skynda långsamt är kanske det sista vi vill. Låter vi den här perioden fyllas av att sakta skapa insikt, utrymme och livskraft för våra drömmar och idéer är jag övertygad om att det ger oss en energi lika stark som vårens.

Det finns inte ett rätt sätt att göra det på och har du ett eget sätt som du tycker om så håll fast vid det.

Om inte, så innehåller de kommande sidorna frågor att utforska, fundera över och känna in.

Gör det på ditt sätt.

Gör det i din takt.

Och bara om du vill.

KÄNNS DET ENKELT ELLER SVÅRT FÖR DIG ATT BE OM HJÄLP?

NÄR ÄR DU MEST NÄRVARANDE I NUET?

MÅSTE & BORDE ELLER BEHÖVER & VILL?

Insikt

FINNS DET NÅGON DEL AV DITT LIV SOM BEHÖVER MER AV DIN UPPMÄRKSAM-
HET?

VILKA VARDAGLIGA UPPGIFTER SKJUTER DU ALLTID UPP?

VILKA VARDAGLIGA RUTINER VILL DU HA MER ORGANISERADE? HUR LÅNG TID BEHÖVS FÖR ATT NÅ DIT?

VILKA VARDAGLIGA UPPGIFTER UPPTAR MER TANKETID ÄN DE FAKTISKT TAR ATT GENOMFÖRA?

VAD BEHÖVER DU FÖR ATT KONCENTRERA DIG OCH VARA NÄRVARANDE?

VAD BEHÖVER DU FÖR ATT SKAPA KÄNSLO- OCH VILJEKRAFT?

VAD BEHÖVER DU FÖR ATT HÖRA DIN INRE RÖST OCH LITA PÅ DIN INTUTION?

Magi

När vi går från en årstid till en annan kan det kännas som energin omkring oss inte är med oss. Att balansera energier kan låta knepigt men ett enkelt sätt är att ta hjälp av de fyra elementen som finns naturligt i och omkring oss.

Var eller vad känner du dig fast i? Vilket element känner du instinktivt har tagit över eller behöver påfyllning?

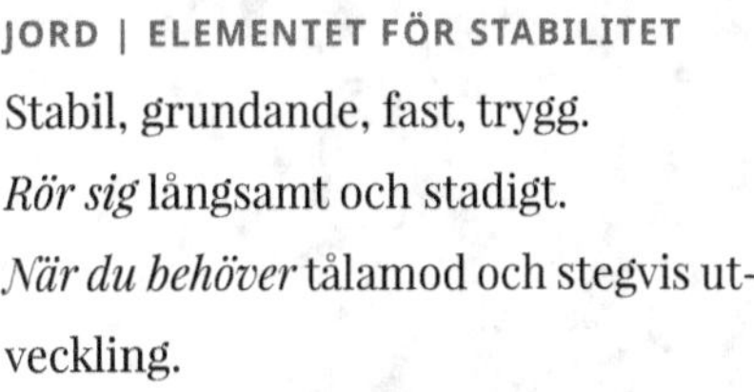

JORD | ELEMENTET FÖR STABILITET

Stabil, grundande, fast, trygg.

Rör sig långsamt och stadigt.

När du behöver tålamod och stegvis utveckling.

Att vara praktisk, pålitlig, beslutsam, ihärdig, sensuell, hårt arbetande

Kopplad till vår fysiska kropp, marken vi går på och jorden vi brukar.

LUFT | ELEMENTET FÖR FÖRÄNDRING

Lätt, anpassningsbar, flexibel, flyktig.

Rör sig snabbt.

När du behöver snabb förändring, mental aktivitet, idéer, interaktion

Att vara vänlig, nyfiken, anpassningsbar, idealistisk, pratsam, fantasifull.

Kopplad till vårt sinne, vinden och andetaget.

ELD | ELEMENTET FÖR ENERGI

Aktivitet, förändring, entusiasm, kraft.

Rör sig snabbt.

När du behöver kreativitet, handling och få saker att hända.

Att vara självsäker, passionerad, impulsiv, utåtriktad, kraftfull, modig.

Kopplad till vår livskraft, eld, ljusets låga och kraften inuti.

VATTEN | ELEMENTET FÖR RÖRELSE

Renande, läkande, näring, intuition.

Rör sig omväxlande.

När du behöver förändring, stimulering, rörelse, livmoderkraft.

Att vara: känslig, intuitiv, fantasifull, medkännande.

Kopplad till våra känslor och alla vattenkällor – sjöar, älvar och kranar.

Ostara
EN SPIRANDE KÄNSLA

OSTARA
VÅRDAGJÄMNING

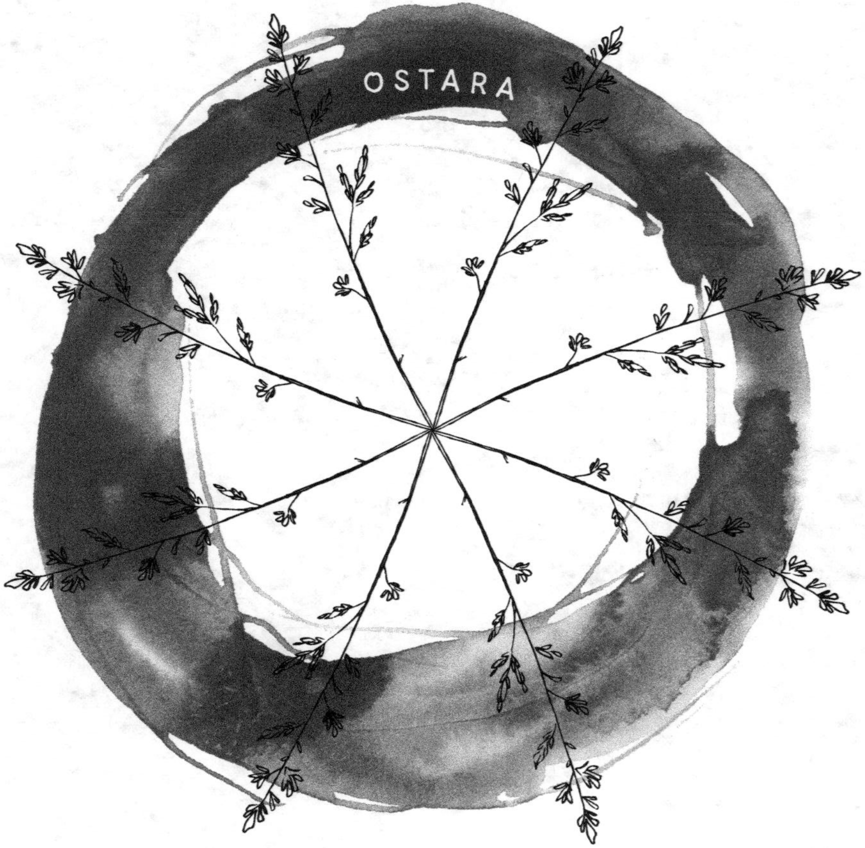

En spirande känsla

Vårkänslor, den där hoppfulla känslan om att något nytt är på väg, en flyktig längtan, en spirande känsla av att allt är möjligt men fortfarande okänt.

Att vårda den känslan och njuta av att precis som naturen låta rötterna bli starka, låta fröet leta sig upp i ljuset och låta knoppar brista och övergå i grönska - det kan ge en mjukstart in i de energifyllda månaderna som ligger framför oss.

Våren är på väg, eller kanske redan här, och vi behöver ha energi för att drömma och så våra längtors frön, men också se till att vi orkar ge oss själva vad vi behöver för att de ska blomma, få frukt och skördas.

Ljuset vinner över mörkret

Vårdagjämningen är en av de två punkter i årshjulet då dag och natt är lika långa, ljus och mörker i balans. Det är också dagen då vi vet att ljuset kommer vinna över mörkret, dagarna blir längre och vintern kommer med säkerhet övergå i vår.

Ostara eller Ēostre sägs vara en av fruktbarhetsgudinnorna och är det något som avspeglas tydligt i tiden vid och efter vårdagjämningen så är det jordens, djurens och naturens fertilitet och bördighet.

GÅ UT & HÄLSA GRYNINGEN

Packa en enkel frukost och ta dig ut för att möta gryningen denna morgon när natt och dag är lika långa.

När du ser solen komma upp över horisonten fundera på vad du tar med dig från de mörkare månaderna och vad vill du lyfta fram i ljuset.

FERTILITET OCH NYTT LIV

Ägg är både en symbol för fertilitet och magi och under Ostara kan vi låta dem bli bärare av våra intentioner. Dekorera dem med symboler, ord eller färger som visar vad du vill låta växa, blomma och skörda under året.

Beroende på din intention kan du sen, äta, gräva ner eller använda äggen som dekoration.

Balans

Våren blir gärna en tid då startskotten ska gå, en tid av explosiv energi där fokus finns i görandet – men den tidiga våren är en tid för att främja balans.

Nu behöver vi skapa uthållighet men utan att göra slut på den. Vi behöver låta energin flöda men också veta hur vi återhämtar oss.

Låter vi naturen vara vår guide ser vi att den vaknar steg för steg och att all växtlighet gör det i sin egen takt. Försök att i den här växande energin skapa en näringsrik grund och en långsiktig hållbarhet så att du orkar gro, spira, knoppas och så småning om blomma.

HUR KAN DU GE DIG SJÄLV NÄRING & ÅTERHÄMTNING?

KÄNNS DET SVÅRT ATT GE DIG SJÄLV VAD DU BEHÖVER?

LEDTRÅDAR:

BEHÖVER DU ENKLA PRAKTISKA RUTINER SOM UNDERLÄTTAR DIN VARDAG?

LÄNGTAR DIN FYSISKA KROPP EFTER NÅGOT?

KÄNNER DU EN DRAGNING TILL SKOGEN & NATUREN?

ÄR TOM TID, STILLA STUNDER OCH ATT LYSSNA INÅT DET DU BEHÖVER?

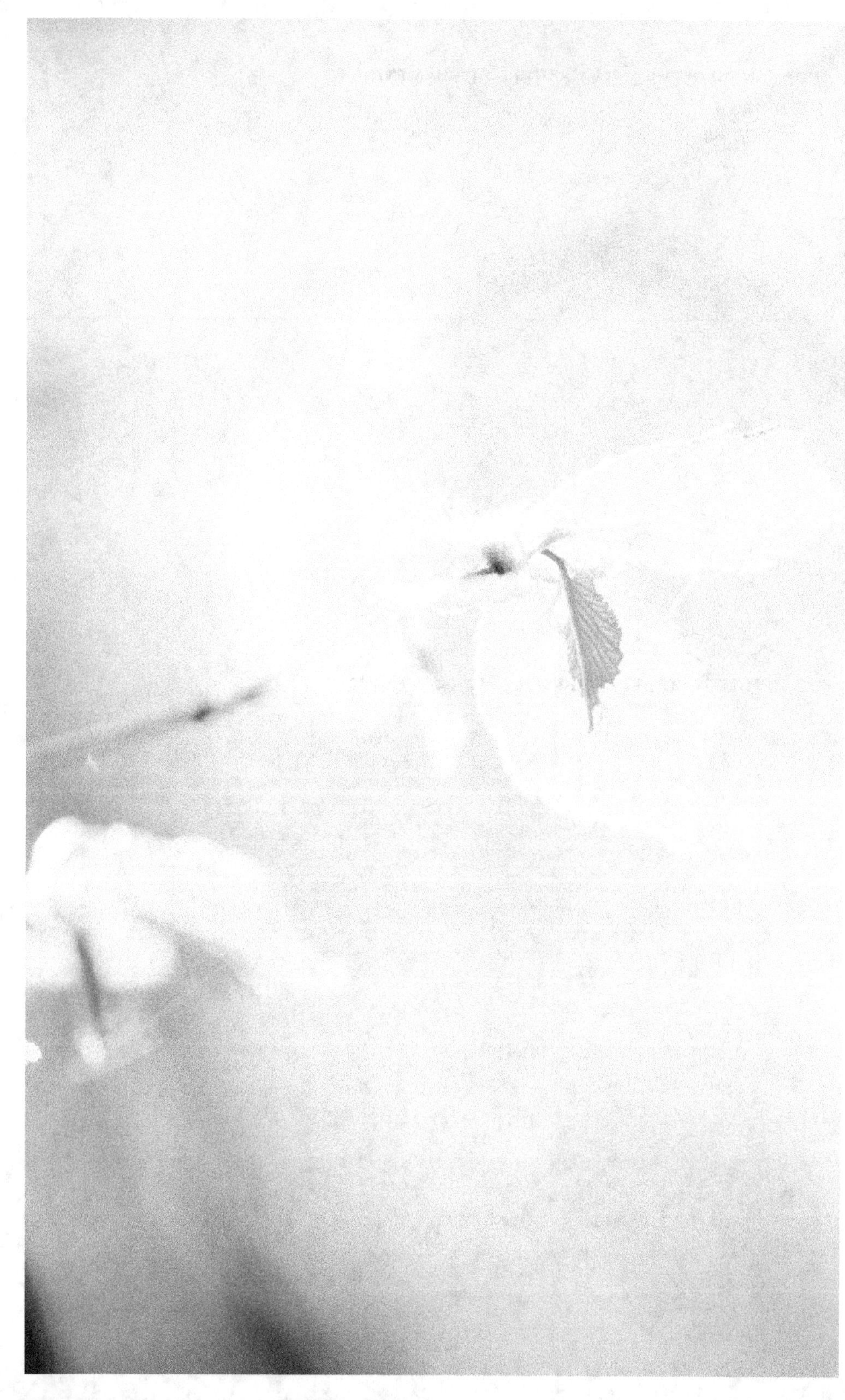

Utforska

Hur ser det ut i naturen där du är just nu? Vad händer i naturen omkring dig den här tiden på året? Vilka träd visar först sina blad? Vilka blommor syns? Och hur känns solen mot din hud?

För att utforska naturens rytm behöver du inte ha tillgång till djupa skogar, milsvida landskap eller ens en egen trädgård. Att kliva ut genom dörren och notera hur luften känns och hur det påverkar dig räcker.

Att uppmärksamma förändringarna på en och samma plats över tid är ett annat sätt att närma sig rytmen i naturen.

Addera alla sinnen, jordens doft, färgerna och hur marken känns under dina fötter.

Vilka signaler får du? Hur känns energin? Och påverkar det dig?

Våren är förväntningarnas tid och jag kan blir överväldigad av allt som måste, borde och ska hända. Då blir det viktigt att gång på gång stämma av med mig själv – är det här viktigt för mig? Är det mina eller är det omvärldens förväntningar? Att släppa tanken på allt ska vara storslaget och omvälvande hjälper mig hålla fötterna på jorden.

VI ÄR ALLA OLIKA OCH UPPLEVER DEN HÄR TIDEN PÅ ÅRET PÅ OLIKA SÄTT.
HUR UPPLEVER DU DEN HÄR TIDEN DÅ ENERGIN OCH LJUSET ÖKAR? HUR BRUKAR
DU AGERA OCH REAGERA?

VÅRSTÄDA

Vårens solstrålar kan avslöja damm och spindelväv – både i våra hem och i våra liv i övrigt.

Finns det något område i ditt liv som du skulle vilja städa i? Relationer som behöver nytt liv? Eller längtar du efter nya perspektiv?

Gör en snabb inventering och se var du helst vill släppa in nytt ljus.

SMÅ FÖRÄNDRINGAR

Om vi börjar titta på våra rutiner och vanor så märker vi ofta att enkla förändringar i vardagen kan ge mycket energi. Vi säger ofta nej eller ja automatiskt och missar upplevelser och utmaningar som kan bli små vardagsäventyr.

Börja i det lilla, ta en ny väg hem, handla i en annan affär, prova ett nytt recept och se hur det känns.

Inspiration
Intention
Inbjudan

Våren är på ingång, en tid för att drömma, plantera och experimentera. En tid att låta inspiration flöda, skapa en intention och hitta en riktning och välkomna drivkrafterna.

Det är också en tid att hålla drömmarna vid liv, ta hand om plantorna och ändra, anpassa och göra misstag.

När vi planterar ett frö i den jordens mörker behöver vi addera till något för att få det att gro. För att skapa fertilitet behöver vi motstridiga krafter. Yin & yang, mörker & ljus, dåtid & framtid, intention med handling, eld och vatten, instinkt och visdom.

Samma sak gäller när vi vill att förändringar ska bli verklighet i våra egna liv. Vi behöver vara beredda på och skapa plats för att motstridiga känslor och det okända.

Det finns inte ett rätt sätt att göra det på och har du ett eget sätt som du tycker om så håll fast vid det.

Om inte, så innehåller de kommande sidorna frågor att utforska, fundera över och känna in.

Gör det på ditt sätt.

Gör det i din takt.

Och bara om du vill.

DAGDRÖM - VAD HÄNDER NÄR DU LÅTER DINA TANKAR FÖLJA DITT HJÄRTA OCH SJÄLS VISKNINGAR?

KÄNNS DAGDRÖMMAR SOM SLÖSERI MED TID? VARFÖR?

VAD ÄR INSPIRERANDE FÖR DIG?

Inspiration.

Intention

KAN DU KOMMA PÅ NÅGOT SOM FÖRST VERKADE OMÖJLIGT MEN BLEV MÖJLIGT?

TAR DU LÖFTEN TILL DIG SJÄLV PÅ LIKA MYCKET ALLVAR SOM LÖFTEN TILL AN-
DRA? VARFÖR?

Intention

VAD BRUKAR DU IGNORERA ELLER UNDVIKA?

Inbjudan

NÄR HAR DU EN TENDENS ATT STANNA I DIN INRE VÄRLD & TANKAR NÄR DU BE-
HÖVER SKAPA MOMENTUM OCH AGERA?

ÄR DET NÅGON GÅNG KLOKAST ATT GE UPP?

Inbjudan

Magi

Magi och ritualer som hör ihop med balans, fertilitet, förändring, klarhet, lust, rening, rikedom, tillväxt och uppstart är i fokus under den här perioden.

Oavsett vad du väljer att göra så gör det speciellt för dig! Det underbara med magi är dess förmåga att bli och göras personligt. När vi tar en paus och lyssnar på oss själva vet vi vad vi ska göra.

HAREN

Håll utkik efter haren -det är en viktig symbol för fertilitet och överflöd. Varför? Hon kan bli gravid med två kullar samtidigt.

Och glöm inte äggen - dem kan du läsa om på sidan 5.

ETT FRÖ MED INTENTION

Plantera ett verkligt frö tillsammans med en av dina intentioner.

Välj ett frö som är enkelt att odla, t ex solros, ringblomma, basilika eller krasse

Håll ditt frö i händerna och sätt din intention. Det kan vara något som du vill förändra, utveckla eller drömmer om - försök vara specifik.

Se till att du ger båda det de behöver och följ hur din intention växer dag för dag.

Beltane
VÄCK LUST & NJUTNING

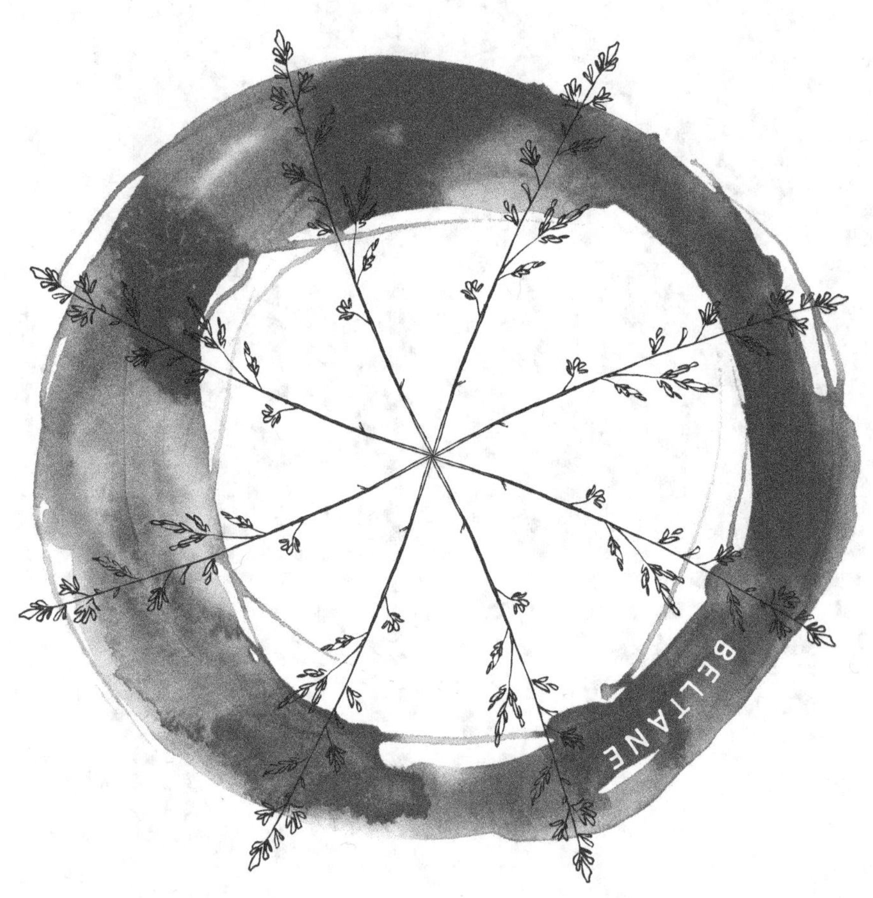

BELTANE

Väck lusten

Mitt i den stigande energin från vårdagjämningen på väg mot midsommarens höjdpunkt infaller Beltane och naturen omkring oss exploderar av liv. Det är inte svårt att förstå att det här är en period fylld av nästan elektrisk energi.

Vi kan uppfatta det som om vi ständigt befinner oss på gränsen till något och att vi balanserar mellan att vara behållaren för en enorm energi och att låta den flöda fritt.

Upplevelsen kan vara positv eller negativ, den kan skapa ett härligt momentum eller få oss att helt tappa fotfästet.

För att njuta av den här, ofta omvälvande tiden, kan allt som grundar oss, skapar markkontakt, bildligt eller bokstavligt, vara till hjälp.

Ge lusten liv

Mitt emellan vårdagjämning och midsommar, är Beltane den högtid i årshjulet då livet hyllas, firas och kanske till och med skapas. Det är en högtid för fest och glädje, lust och njutning.

LUSTENS ELD

Valborgseld, valborgsmässobål eller majbrasa — i stora delar av Sverige är eldar den 30 april en självklarhet.

Elden en symbol för att väcka liv, i våra egna inre krafter, fruktsamhet och passion och det är också precis vad Beltane handlar om.

Låt majbrasan bli en symbol för det *du* vill väcka till liv och för skaparkraften du har inom dig eller låt den rensa vägen så att ny energi kan få fart och växa.

LIVSENERGI

Det här är en period när naturen flödar av livsenergi, och för oss en chans att få kontakt med den energin. Njut omgiven av skogens ljud och dofter, stanna ute tills stjärnorna kommer till liv eller ta en barfotapromenad.

Flytta dina aktiviteter utomhus eller bara pausa en stund i friska luften.

Njutning

Vi vet alla hur det känns att göra, göra, göra, att ha fokus på något långt där borta och att vara effektiv. Tänk om du istället för att tjata på dig själv att köra igång, nu är det dags, agera — istället uppmuntrade dina impulser att utforska, skapa och njuta av allt som ger dig lust.

Att för en stund slå in på en annan väg, gå lite vilse och omfamna den vilda, råa, okända, nästan kaotiska känslan som energin under senvåren och försommaren har — om vi stannar upp och låter den fylla oss.

Vågar du experimentera, vara lite vildare och låta energin börja flöda?

VAD BEHÖVER DU MEST AV ALLT JUST NU?

VAD ÄR DIN INSTINKTIVA REAKTION PÅ ORDEN NJUTNING OCH LUST?

Utforska

Hur ser det ut i naturen där du är just nu? Vad händer i dina omgivningar den här tiden på året? Vilka fåglar kvittrar? Vilka dofter fyller luften? Och hur känns vinden mot din hud?

För att utforska naturens rytm behöver du inte ha tillgång till djupa skogar, milsvida landskap eller ens en egen trädgård. Att kliva ut genom dörren och notera hur luften känns och hur det påverkar dig räcker.

Har du möjlighet så hitta en plats, ett träd, några buskar eller en liten park som du ser mer eller mindre dagligen och notera skiftningarna över tid.

Att uppmärksamma förändringarna är ett sätt att börja närma sig rytmen i naturen.

Addera alla sinnen, jordens doft, färgerna och hur marken känns under dina fötter.

Vilka signaler får du? Hur känns energin? Och påverkar det dig?

VI ÄR ALLA OLIKA OCH UPPLEVER DEN HÄR TIDEN PÅ ÅRET PÅ OLIKA SÄTT.
HUR UPPLEVER DU DEN HÄR TIDEN DÅ VI BALANSERAR MELLAN VÅR OCH SOM-
MAR OCH ENERGIN ÄR HÖG? HUR BRUKAR DU AGERA OCH REAGERA?

GRUNDNING

Att vara grundad är att känna sig fullständigt närvarande i sin kropp och/eller känna sig förankrad till jorden under sig.

HÄNDERNA I VATTEN

Fokusera på vattnets temperatur, hur känns den på fingertopparna, i handflatorna, på handryggen. Är känslan densamma eller förändras den på olika delar av handen?

RÖR VID TRÄD, GRÄS, BLOMMOR

Är det du rör vid mjukt eller hårt? Tungt eller lätt? Varmt eller svalt? Notera struktur, textur och hur de känns.

LYSSNA

Ta en stund och verkligen lyssna på ljud och oljud runt omkring dig. Vad hör du? Trafik? Fåglar? Hundar som skäller? Vind? Lyssna igen, kan du höra mer än de mest uppenbara ljuden?

BARFOTA

Ta en långsam promenad barfota, bli uppmärksam på hur tårna och fotsulan känns mot marken.

HUVUD OCH FÖTTER

Placera en hand på toppen av ditt huvud och låt sen din medvetenhet sjunka ner i dina fötter.

Uttrycka
Experimentera
Omfamna

Naturen gör sig inte liten – den tar plats, blommar, svajjar i vinden, den växer och delar med sig. Den sätter rötter, söker ljus och skapar skugga.

Hur skulle livet vara om vi levde med mer lust och njutning och vågade utforska det mer?

Hur skulle livet kännas om du tog dig tid att bli lite vild? Vad skulle hända om du gjorde en vardaglig onsdag till ett äventyr?

Eller tänk om du började uttrycka och omfamna det du känner djupt inombords?

Du behöver inte starta en revolution (om det inte är precis det du vill), byta liv eller hoppa fallskärm – den har energifyllda delen av året är en tid gjord för att uttrycka det du längtar efter, experimentera och kanske hitta något nytt i dig själv.

Det finns inte ett rätt sätt att göra det på och har du ett eget sätt som du tycker om så håll fast vid det.

Om inte, så innehåller de kommande sidorna frågor att utforska, fundera över och känna in.

Gör det på ditt sätt.

Gör det i din takt.

Och bara om du vill.

NÄR KÄNNER DU DIG TRYGG ATT UTTRYCKA DINA LÄNGTOR & LUSTAR?

NÄR KÄNNER DU DIG SOM MEST SÅRBAR? VARFÖR?

HAR DU LÄTT ELLER SVÅRT FÖR ATT UTTRYCKA DINA SYNPUNKTER, IDÉER OCH
TANKAR?

VILKEN ÖNSKAN, LÄNGTAN ELLER LUST HAR DU ALDRIG SATT ORD PÅ?

HAR DU LÄNGE LÄNGTAT EFTER ATT PROVA ELLER GÖRA NÅGOT? VAD ELLER VEM
HINDRAR DIG?

FÖREDRAR DU SPONTANITET ELLER PLANERAT? VARFÖR?

VAD FÖRSÖKER DU SLUTA MED, BÖRJA MED ELLER, ÄNDRA PÅ? VARFÖR?

HUR KAN DU FIRA OCH BELÖNA DIG SJÄLV TILL VARDAGS? LISTA ALLT, STORT &
SMÅTT.

Experimentera

VAD ÄR DU MEST UPPRYMD ÖVER JUST NU?

VAD VILL DU HELST LOVA DIG SJÄLV?

VAD VILL DU SÄGA NEJ TILL FÖR ATT KUNNA SÄGA JA TILL NÅGOT ANNAT?

Omfamna.

Magi

Beltane-säsongen varar cirka sex veckor och det är en tid för det som kan ge livet vingar. Fyll den med magi, glädje, skoj, hopp och kärlek och gör plats för lust, passion, sensualitet och sexualitet.

FIRA KÄRLEKEN I ALLA DESS FORMER

Beltane är en tid för kärlek. Kärleken till vänner, familj och djur. Romantisk, platonisk och sensuell kärlek, ja all kärlek. Hylla den i alla dess for mer — kanske räcker det att uppmärksamma och lyssna på dem du håller av.

ÄLVOR, NATURVÄSEN OCH SMÅFOLKET VAKNAR

Precis som vid Samhain, som ligger mittemot Beltane i årshjulet, är dagarna kring 1 maj en tid då slöjan mellan världarna är tunn.

I maj är det älvornas, naturväsen och småfolkets värld som kan skymtas. Visa dem din respekt genom gåvor, en blomsterkrans, kristaller eller ätbara frön.

ÖNSKA NÅGOT

Det sägs vara mycket lyckosamt att önska något på Beltane. Skriv ner dina önskningar och begrava dem i bördig jord eller skriv dem på färgade band och knyt dem på en trädgren.

Eller säg dina önskningar högt så att älvorna hör dem.

Litha
MÖJLIGHET & UTMANING

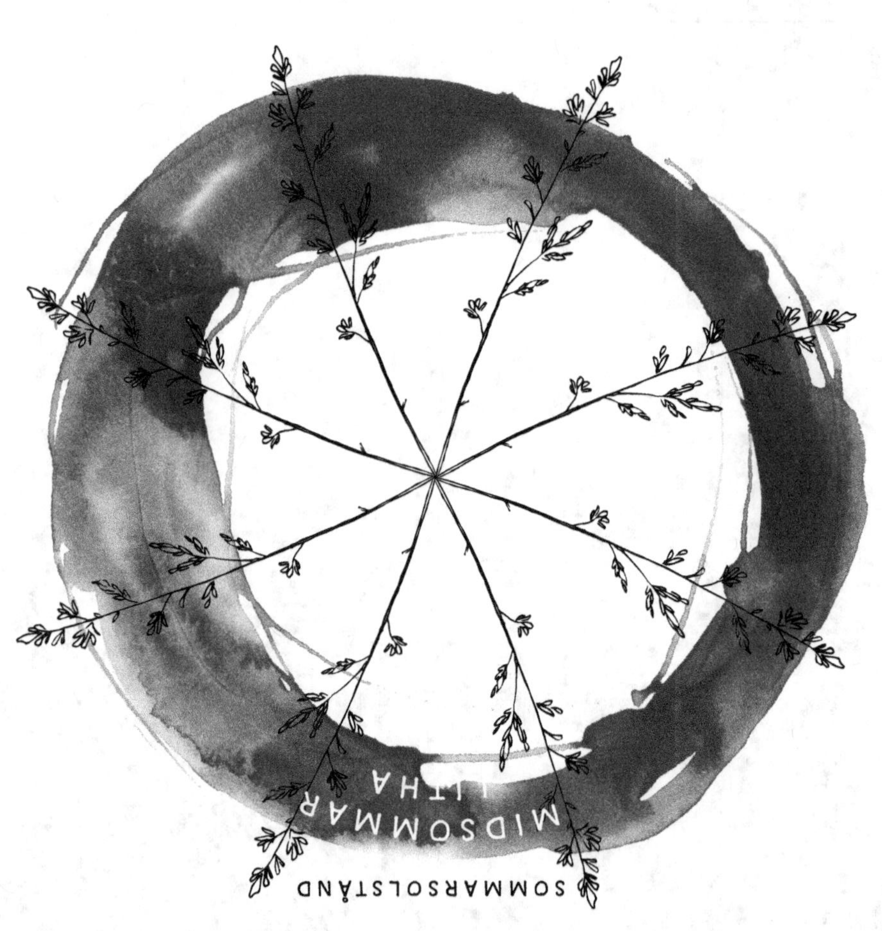

MIDSOMMAR LITHA
SOMMARSOLSTÅND

Möjlighet & utmaning

Sommarsolståndet, Litha eller midsommar, en årstid med många namn, alla påminner oss om att ljuset har nått sin fulla styrka och energi. En årstid som kan kännas utmanande eller fylld med möjligheter, eller både och.

Midsommartid är en del av året då även förväntningarna brukar slå i taket. Våra svenska traditioner är specifika och de flesta av oss är uppvuxna med *ett* rätt sätt att fira midsommar.

Det vore fantastiskt om den här årstiden tillät dig att låta ljuset landa i hur du känner, är och ser på den här delen i årshjulet – oavsett andras förväntningar. Att ta det steget kan i sig vara både en utmaning och en möjlighet.

Förtrollande
midsommar

MYSTIK & MAGI

Den ljusa midsommarnatten bjuder in till mystik och magi. Vi kan ana älvor som dansar i morgondaggen och skogen sjuder full av liv även om natten. Var omtänksam och uppmärksam på all närvaro.

BLOMSTERMAGI

Att binda blomsterkransar och lägga blommor under kudden för att drömma om sin tillkommande är en tradition vi alla känner till. Kanske har den sitt ursprung i folktron att växter samlade denna natt är fulla med magisk kraft och vitalitet.

Att plocka vildblommor kan vara en del i att njuta av midsommarnatten. Istället för att drömma om vår tillkommande kan vi drömma om det vi vill och hoppas kunna skörda under resten av årshjulet.

GÖR EN BLOMSTERMANDALA

Fira solen och naturens överflöd med en blomstermandala. Samla blommor, kronblad, löv och annat från naturen och börja skapa. Försök släppa alla tankar på perfektion och se om du istället kan njuta.

NATTLIG RITUAL

Nätterna är korta och förhoppningsvis ljumna så det här är en härlig tid att göra nattritualer utomhus.

I midsommartid kan fokus kretsa kring solens kraftfulla energi. Med naturens växtkraft och expansion är det också en fantastisk tid att expandera våra egna idéer och önskningar.

Självmedkänsla

Hmm... började det krypa lite i dig? Eller var din första tanken - nej, nej och ett ytterligare ett nej. "icke sa nicke".

Jag vet, självmedkänsla kan uppfattas som en positivitetsrörelse som fått överslag. Men tänk till – hur låter din egen inre dialog?

När vi rensar vår inre dialog från fördömanden, jämförelse och skam – börjar vi höra vår egen röst. Och vi kan navigera med självmedkänsla istället för ett ständigt jagande efter att övertyga, jämföra och tävla.

När vi tar hand om oss själva med empati och vänlighet, tar vi hand om alla och allt omkring oss med en känsla av ansvar, nyfikenhet och medkänsla.

REFLEKTION

Självmedkänsla är något jag faller in och ut ur, speciellt svårt har jag att ta mig tid att stanna upp och faktiskt lyssna på vad som händer i huvudet mitt. "Vad är poängen?" är det jag brukar sätta upp som hinder, för när jag lyssnar på mig själv kan det bli både smärtsamt och skamfyllt. När jag tar hand om mig själv, med vänlighet och medkänsla, märker jag att mitt övertänkande minskar och jag kan uttrycka mig tydligare och sannare.

Utforska

Hur ser det ut i naturen där du är just nu? Vad händer i dina omgivningar den här tiden på året? Vad är i full blomning? Vad väntar på att slå ut? Och hur känns vinden mot din hud?

För att utforska naturens rytm behöver du inte ha tillgång till djupa skogar, milsvida landskap eller ens en egen trädgård. Att kliva ut genom dörren och notera hur luften känns och hur det påverkar dig räcker.

Har du möjlighet så hitta en plats, ett träd, några buskar eller en liten park som du ser mer eller mindre dagligen och notera skiftningarna över tid.

Att uppmärksamma förändringarna är ett sätt att börja närma sig rytmen i naturen.

Addera alla sinnen, jordens doft, färgerna och hur marken känns under dina fötter.

Vilka signaler får du? Hur känns energin? Och påverkar det dig?

VI ÄR ALLA OLIKA OCH UPPLEVER DEN HÄR TIDEN PÅ ÅRET PÅ OLIKA SÄTT.
VAD KÄNNER DU DEN HÄR TIDEN PÅ ÅRET? HUR BRUKAR DU AGERA OCH REAGE-
RA?

VATTEN

För att balansera solens flammande energi kan vi behöva addera lite vatten.

Bor du nära havet, en sjö eller en pool – hoppa i! Notera hur vattnet känns när det omger din kropp.

Om du hellre stannar på land, sitt vid en älv eller bäck och lyssna på ljudet av vattnet som studsar, virvlar och dansar sig nedströms.

Och om det inte finns något vatten i närheten, håll ett glas vatten mellan händerna. Sätt en intention om vad du vill balansera och låt den överföras till varje atom i vattnet. Drick det sen – långsamt och avsiktligt.

Observera

Sortera

Upptäck

Det känns bekant. och bekvämt, att rikta fokus på det som händer runt omkring och utanför oss själva. Flödet på sociala medier och nyheterna kan ha oss i ett hårt grepp: följa, jaga och leta efter yttre råd eller bekräftelse. Och andras sanningar och handlingar sköljer bort förtroendet för våra egna värderingar.

Och ärligt talat – det känns svårt att inte titta efter ett svar från andra innan vi stämmer av med vad vi själva tänker och tycker.

Precis som varje trädgård behöver rensas på ogräs - så behöver också vårt yttre och inre landskap rensas ibland. Använd den här årstidens energi för att skapa drivkraft, riktning och perspektiv, i en grund som kommer från hur du vill vara, känna och leva ditt liv.

Börja med att observera balansen mellan dina inre och yttre informationskällor. Det som dyker upp kan kännas obekvämt och kanske till och med skrämmande – så ta god tid på dig.

Det finns inte ett rätt sätt att göra det på och har du ett eget sätt som du tycker om så håll fast vid det.

Om inte, så innehåller de kommande sidorna frågor att utforska, fundera över och känna in.

Gör det på ditt sätt.

Gör det i din takt.

Och bara om du vill.

HUR LÅTER DIN INRE DIALOG NÄR DU BÖRJAR LYSSNA PÅ DEN?

KAN DU GÅR BORTOM DET DU HÖR INITIALT? VAD HÖR DU DÅ?

Observera

**HUR SKULLE DU BESKRIVA DIN INRE DIALOG? HAR DEN EN TON, EN KÄNSLA, LÅ-
TER DEN SOM NÅGON DU KÄNNER?**

TRYCKER DU BORT NÅGRA TANKAR? OM OCH OM IGEN? VARFÖR?

Observera.

LYFTER DIN INRE RÖST DIG? HUR? OCH OM INTE, VARFÖR?

KAN DU SKILJA PÅ TANKAR SOM KOMMER FRÅN DIG SJÄLV OCH DE SOM KOMMER
FRÅN NÅGON ANNAN?

Sortera

FINNS DET NÅGRA KROCKAR MELLAN VAD DU TÄNKER OCH HUR DU AGERAR?

VILKA TANKAR KÄNNS UNDANSTOPPADE ELLER BORTGLÖMDA? ÄR DET DAGS ATT
TA FRAM DEM I LJUSET?

Sortera

OM INGEN BEDÖMER, IAKTTAR ELLER JÄMFÖR DIG, VAD SÄGER DIN INRE RÖST DÅ?

SER DU ANNORLUNDA PÅ DIG SJÄLV NÄR DU ÄR ENSAM? JÄMFÖRT MED VAD DU
TÄNKER OM DIG SJÄLV NÄR DU ÄR BLAND MÄNNISKOR? VAD SKILJER SIG ÅT?

Upptäck

VILKA TANKAR BEHÖVER DU SLUTA FORCERA FRAM ELLER HA MER TÅLAMOD MED?

NÄR KÄNNER DU ATT DU ÄR PÅ TOPP MED DIG SJÄLV? OCH KAN DU LÄGGA MÄRKE TILL VAD SOM SKAPAR DE KÄNSLORNA?

Upptäck

Magi

Som en symbol för solen, och en väldigt vanlig form i naturen, står spiralen i centrum för ett cykliskt liv. Den kan vara en påminnelse om att långsamt ana saker som är dolda i spiralens centrum. Och den kan visa oss ett sätt att expandera och utvecklas intuitivt.

RES MED SPIRALEN

Centrum av spiralen symboliserar vintersolståndet, den mörkaste tiden på året. När vi rör oss utåt mot ljuset, genom Imbolc, Ostara och Beltane, blir dagarna ljusare och längre, tills vi når själva kanten – Litha eller sommarsolståndet. Här står solen stilla innan den för oss tillbaka inåt.

Resan går via Lammas, Mabon, Samhain och de mörkare dagarna tills vi återvänt till centrum, vintersolståndet och midvintern. Här pausar vi och vilar, innan vi startar färden tillbaka utåt igen.

DÖD OCH ÅTERFÖDELSE

Spiralen ger oss cykler av död och återfödelse, förändring, lärande och omlärande. Varje cykel kommer med nya insikter, utmaningar och möjligheter.

SKAPA DIN EGEN RITUAL

Just nu, vid spiralens yttersta kant, är en strålande tid att reflektera över vad resan till denna punkt har fört med sig. Och vad vi önskar oss för resan tillbaka inåt.

Skapa din egen spiral av material som finns i överflöd i naturen där du bor. Om du vill promenera i en spiral, samla material från marken, kottar eller stenar blir utmärkt. Du kan också ge dig ut på ett äventyr och leta efter spiraler i din omgivning, de är lika vanliga i naturen som i arkitekturen.

Och om du inte kan hitta nån – du har en på fingertoppen.

Lammas

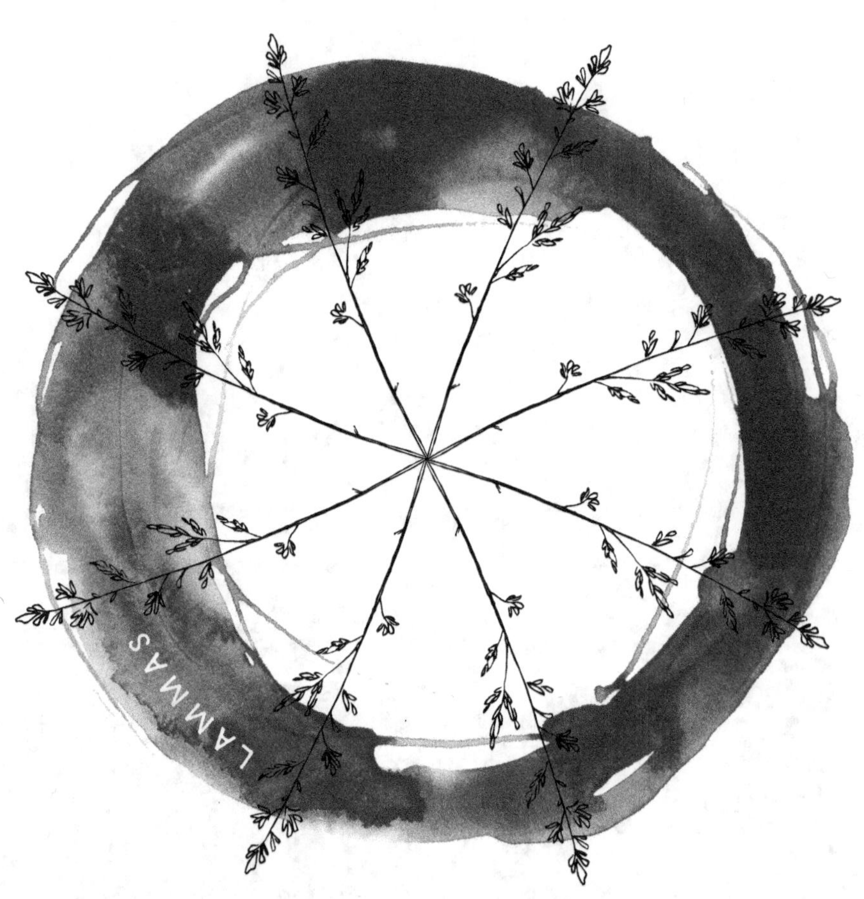

LAMMAS

Gyllene skördetid

Lammas, eller Lughnasadh, är årets första skördeperiod, landskapets böljande fält förvandlas till gyllene höbalar och djuren som levt skyddade i fälten blir synliga igen. Högsommarens frodiga grönska ersätts långsamt av en guldgul ton.

Vi är i övergångsperioden mellan sommar och höst, energin är fortfarande hög men här finns kanske också en känsla av vemod när ljuset och energin långsamt avtar.

Nu skördas spannmål och frön från det som blommat. Vad har blommat för dig? Vad är fortfarande på väg att mogna innan det bär frukt?

Det är tid att skörda, sortera och sålla det vi upplevt hittills under året. Men även tid att notera vad vi inte kan skörda, idéer, projekt och tankar om vad vi skulle vilja ha gjort – allt det som aldrig blev av. Från det kan vi också "skörda" och samla erfarenheter.

Hylla
Moder
Jord

Mitt emellan midsommar och höstdagjämning, är Lammas den högtid i årshjulet då Moder Jord hyllas, firas och tackas. Det är en högtid att samla vänner, nära och kära för att njuta utomhus under solens, kanske sista, värme.

Bjud på frukt, bär och grönt som är i säsong där du bor som ytterligare ett tack till Jorden och solen.

HYLLA MODER JORD

Vi är alla beroende och sammankopplade med Moder Jord och det hon ger oss. Förutom att njuta av det som skördas nu, kan vi också tänka på vad vi själva kan göra för att jorden ska kunna fortsätta ge oss det vi behöver – utan att vi tömmer hennes resurser.

Fundera och besluta vilka små och stora vanor du kan förändra som tack till Moder Jord.

BRÖD, ÖRTER OCH FRÖN

Skörden av spannmål är i fokus men det är också en tid att skörda örter och samla frön för nästa år.

Tacka för årets första skörd genom att baka bröd och krydda med örter från egen odling.

Att dela det med andra fördubblar hyllningen.

Att ge upp

Skillnaden mellan att släppa taget och frigöra sig från något och att ge upp kan tyckas hårfin, men inom oss kan upplevelsen vara överväldigande.

Att släppa taget om något som vi inte längre behöver känns ofta befriande, att ge upp något som vi innerligt trott på och önskat eller verkligen hoppats på, och kanske gjort otaliga försök att uppnå, kan kännas som ett misslyckande.

Att undersöka, och med full transparens och ärlighet, se vad det är dags att ge upp ligger, i den här årstidens utmaning. Naturen släpper sina försök att växa och gro med fel förutsättningar, på fel plats eller i fel jordmån och efter en tid växer något nytt fram. I naturen ligger det inget misslyckande i att ge upp, tvärtom, det ger en möjlighet att låta något nytt få spira.

VILKA FRÖN, TILL DRÖMMAR OCH IDÉER, PLANTERADE DU ALDRIG? VARFÖR?

ÄR DET ETT SPECIFIKT OMRÅDE SOM DU MÄRKER ATT DU FÖRSUMMAR ELLER
"GLÖMMER" BORT? VARFÖR?

Utforska

Hur ser det ut i naturen där du är just nu? Vad händer i dina omgivningar den här tiden på året? Vilka färger har landskapet? Vilken doft fyller luften? Och hur känns vinden mot din hud?

För att utforska naturens rytm behöver du inte ha tillgång till djupa skogar, milsvida landskap eller ens en egen trädgård. Att kliva ut genom dörren och notera hur luften känns och hur det påverkar dig räcker.

Har du möjlighet, hitta en plats, ett träd eller en liten park som du ser mer eller mindre dagligen och notera skiftningarna över tid.

Att uppmärksamma förändringarna är ett sätt att börja närma sig rytmen i naturen.

Addera alla sinnen, jordens doft, färgerna och hur marken känns under dina fötter.

Vilka signaler får du? Hur känns energin? Och påverkar det dig?

VI ÄR ALLA OLIKA OCH UPPLEVER DEN HÄR TIDEN PÅ ÅRET PÅ OLIKA SÄTT. HUR UPPLEVER DU DEN HÄR TIDEN DÅ MELLAN SOMMAR OCH HÖST? HUR BRUKAR DU REAGERA OCH AGERA?

UPPIGGANDE OCH LUGNANDE

Att samla och torka örter för hösten och vintern har gjorts i alla tider.
Många lättodlade örter har sin skördetid nu.

CITRONMELISS

Lugnande, avstressande, höjer humöret
och inlärningsförmågan och ger sömnen
en skjuts.

ROSMARIN

För bättre minne och koncentration,
ökar blodcirkulationen, milt lugnande
vid oro och sömnlöshet.

MYNTA

Både avslappnande och stimulerande.
Doften ökar vakenhet, minnesförmåga
och ger en energiboost.

SALVIA

Stimulerar minnes- och tankeförmåga,
förbättrar humöret och lindrar blod-
sockersvängningar.

Samla
Sortera
Sålla

Att skörda, bokstavligen eller bildligt, är mer än att samla in det som vuxit fram. Det bonden gör för att hitta den fulla kraften i sin skörd behöver vi göra med våra erfarenheter, upplevelser och lärdomar som vi fått med oss hittills under året.

Att skörda betyder inte heller att du på en gång har någonting som är färdigt eller användbart. Processen; skörda, sortera, sålla, behöver ofta tid.

När vi samlar ihop och sorterar våra intryck kan vi ha en benägenhet att bara vilja se det vi tänker är positivt och lyckat. Att okritiskt titta tillbaka, utan att döma eller värdera, kan bli en resa både i vårt inre och yttre liv. Att nyfiket och öppet se vad som hänt, vad vi gjorde eller inte gjorde, vilka vi mött, vad vi haft mycket av eller vad det inte blev lika mycket av, är allt värdefulla delar av vår skörd.

Min uppmaning är att under Lammas perioden samla ihop och börja sortera och sålla bland det du upplevt under året. Och notera att det som dyker upp vid en första anblick kanske inte visa hela bilden.

Gå djupt, dyk ner i detaljerna och förförs inte av att generalisera.

Gör det på ditt sätt.

Gör det i din takt.

Och bara om du vill.

VILKA FRÖN PLANTERADES, FICK NÄRING OCH VÄXTE SIG STARKA? HUR GJORDE DU DET? OCH VARFÖR GJORDE DU DET?

NÄR OCH HUR HAR DU BEHÅLLT TILLITEN TILL DIG SJÄLV OCH DIN INTENTION?

VAD I DIN SKÖRD ÖVERRASKAR DIG? VARFÖR?

GÅ TILLBAKA TILL SIDAN 7, KAN DU SE KOPPLINGAR MELLAN VAD SOM FICK LIV OCH VAD SOM INTE VÄXTE? VILKA ÄR DE?

Samla

MÄRKER DU OM NÅGOT FÖRÄNDRAS? HUR ELLER VARFÖR?

HUR NOTERAR DU ATT *DU* FÖRÄNDRAS?

HUR HAR DU FÖRÄNDRATS? I DET INRE? TILL DET YTTRE?

VAD HAR INTE FÖRÄNDRATS? KÄNNS DET POSITIVT ELLER NEGATIVT?

Sortera

NÄR KÄNNS DET ENKELT OCH NATURLIGT ATT UTFORSKA NYA SÄTT ATT VARA? VARFÖR?

NÄR KOMMER NYA SÄTT ATT TÄNKA MED LÄTTHET? VARFÖR?

VAD VILL DU FORTSÄTTA UTFORSKA? VARFÖR?

Magi

Ritualer hjälper oss ta med de vi upptäckt och lärt oss in i vardagen. Och jag vet, många tänker och tror att ritualer är woo-woo, nakendans runt eld eller offergåvor till onda andar. Och ja, ritualer kan vara allt det, men mest av allt är de ett hjälpmedel för att skapa fokus och närvaro med ett specifikt syfte.

VANA, RUTIN ELLER RITUAL

Vanor och rutiner är det vi gör mer eller mindre automatiskt – de skapar struktur och ordning i vårt vardagskaos. En ritual däremot, fyller vi med mening och syfte och med vår intention.

Vad vill du att ritualen ska hjälpa dig med? Vad vill du uppnå genom att utföra den? Och vem eller vad kan hjälpa dig?

Den enklaste av ritualer är att tända ett ljus, stanna upp en stund och säga eller tänka din intention. Lägg till en symbol eller sak som påminner dig om intentionen under dagen.

Att skapa närvaro i vardagsrutinerna är också ett sätt att göra ritualer.

Låt vattnet i duschen skölja bort det du upptäckt ofta gör dig orolig. Låt tio minuters läsning bli den efterlängtade övergången från jobb till ledig tid.

Alltid så att *din* ursprungliga intention avspeglas och hjälper *dig*.

Mabon

HYLLA KONTRASTERNA

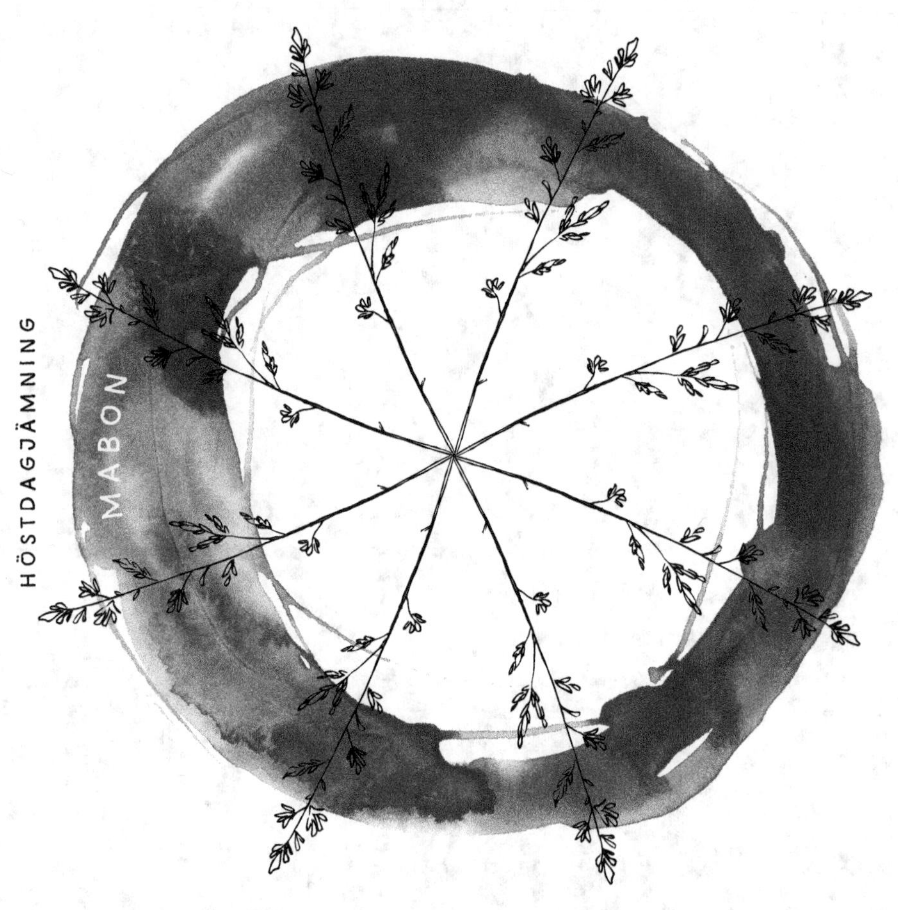
HÖSTDAGJÄMNING
MABON

Hylla kontrasterna

Vid höstdagjämningen är natt och dag återigen lika långa – mörker och ljus, maskulint och feminint, inre och yttre, i balans.

Vi är också vid brytpunkten där mörkret börjar besegra ljuset. Naturens cykel avslutas, trädens sav återvänder till rötterna djupt ner i jorden, och den långa perioden av frodigt grönt skiftar till höstens eldiga färger.

Innan löven faller till marken och förmultnar, kan vi fira vad vi har åstadkommit, fått hända och uppnått, och undvika att låta det som inte hände eller inte gjordes tynga ner oss.

Vi kan hylla både med- och motgångar. Vi kan släppa taget, och samtidigt lyfta att vi gjorde så gott vi kunde.

Fira
rikedomen

Mabon markerar den officiella starten på hösten, dag och natt är lika långa, och det är också den sista årstiden i årshjulet.

Det är en dag då vi att hyllar Moder Jord för överflödet hon gett denna säsong.

HÄLSA HÖSTEN

Gå ut i naturen var utomhus och lek i löven. Eller ha en picknick. Hitta ut i skogen, eller parken, eller i din (eller din grannes) trädgård.

Ta en promenad och samla höstiga ting, stanna upp och notera förändringen i luften, temperaturen och färgerna.

FIRA RIKEDOMEN

Det är skörd av frukt och bär som står i fokus, det är också dags att skörda de sista grönsakerna som växer ovan jord. Äppelträdens grenar tyngs ner av ett överflöd av äpplen.

Fira höstdagjämningen genom att skörda något, och använd din skörd till att fixa en måltid, baka en paj eller göra sylt eller marmelad.

Dela den med andra - det hyllar naturen och Moder Jord lite extra.

Låt något dö

Hösten kan kännas krävande, det är en tid då Moder Jord tydligt signalerar att släpp taget, förfall, död och djup, djup vila. Och samtidigt säger samhället i stort att det är en dags att gå tillbaka till jobbet, skolan drar igång och det är dags att sätta igång. Det kan kännas som att vi både uppmanas att vila och jobba på samma gång.

Som människor drar vi oss för att använda ordet död, det känns slutgiltigt, slutet av alla slut. Lär vi oss av naturen ser vi att döden är en övergång och ett naturligt skede i en fullständig process.

När vi reflekterar över förlust, död och livets naturliga cykel är det vanligt att känna sorg och ledsenhet. Och jag föreslår att du tillåter alla känslor att komma.

Att låta något dö öppnar för det som kan komma härnäst, att sörja och gråta är ofta en välbehövlig befrielse för kropp, sinne och själ.

NÄR KÄNNER DU DIG PRESSAD AV BORDE OCH MÅSTEN, JÄMFÖRELSER, DÖMAN-
DEN OCH TRON ATT DU BORDE KOMMIT MYCKET LÄNGRE ÄN DU HAR.

VAD ÄR DU REDO ATT LÅTA DÖ?

Utforska

Hur ser det ut i naturen där du är just nu? Vad händer i dina omgivningar den här tiden på året? Vilka färger har landskapet? Vilken doft fyller luften? Och hur känns vinden mot din hud?

För att utforska naturens rytm behöver du inte ha tillgång till djupa skogar, milsvida landskap eller ens en egen trädgård. Att kliva ut genom dörren och notera hur luften känns och hur det påverkar dig räcker.

Har du möjlighet, hitta en plats, ett träd eller en liten park som du ser mer eller mindre dagligen och notera skiftningarna över tid.

Att uppmärksamma förändringarna är ett sätt att börja närma sig rytmen i naturen.

Addera alla sinnen, jordens doft, färgerna och hur marken känns under dina fötter.

Vilka signaler får du? Hur känns energin? Och påverkar det dig?

VI ÄR ALLA OLIKA OCH UPPLEVER ÅRSTIDERNA PÅ OLIKA SÄTT.
HUR UPPLEVER DU DEN HÄR TIDEN PÅ ÅRET? HUR BRUKAR DU REAGERA OCH AGE-
RA?

BALANS

Jag tror att vi ofta tänker på balans som något som ska vara konstant, och är det inte den direkta motsatsen?

Balans är aldrig statisk, det är rörelse, förändring och är levande.

För att vara, känna och ha balans i våra liv behöver vi måna om den på ett sätt som fungerar för oss som individer.

Hur länge är för länge, hur mycket är för mycket och hur kan du balansera det du ägnar dig åt för länge, för mycket eller för sällan.

Men var vaksam på om du ägnar dig åt att jaga balans istället för att lyssna på vad du behöver.

Kom ihåg att balans är flödande, alltid skiftande.

Hur känns det när du har balans i ditt liv? Noterar du till motsatsen?

Beundra

Bejubla

Begrav

Vi är i årshjulets sista del och det är verkligen en period av kontraster och motsatser; slutet på sommaren, blomningar och hög energi. Starten på löv och temperaturer som faller, och den mörkare delen av året.

Det är död och liv, det är slut och uppstart, och ett tillfälle att reflektera över din egen resa.

Att se värdet i och att erkänna och uppskatta ditt ofta hårda arbete både behövs och är en viktig del av resan. Vi bortser ofta från våra prestationer och hoppar snabbt vidare till nästa grej.

Ge dig själv tid att reflektera över dina prestationer och framgångar, prövningar och misstag, triumfer och misslyckanden – och fira båda.

Det är också den perfekta perioden för att låta saker vila, inte nödvändigtvis genom att överge dem helt, utan låta dem falla till marken, komposteras och se när de dyker upp igen.

Det finns inte ett rätt sätt att göra det på och har du ett eget sätt som du tycker om så håll fast vid det. Om inte, så innehåller de kommande sidorna frågor att utforska, fundera över och känna in.

Gör det på ditt sätt.

Gör det i din takt.

Och bara om du vill.

VAD SER DU SOM MISSLYCKANDEN ELLER TILL OCH MED FIASKON? VAD FÖRSÖKTE DU OCH MISSLYCKADES MED? HUR KAN DU UPPSKATTA DINA ANSTRÄNGNINGAR?

VAD STARTADE DU SOM VISADE SIG SLUTA SOM NÅGOT ANNAT?

VAD SKULLE DU VILJA FORTSÄTTA MED? (ATT VARA, GÖRA, SKAPA, KÄNNA).

VAD RÄKNAR DU SOM EN FRAMGÅNG? DET BEHÖVER INTE BARA VARA DE STORA, ENORMA SAKERNA. SMÅ STEG, SMÅ VINSTER OCH VARDAGLIGA HURRA RÄKNAS OCKSÅ.

Beundra

HUR KAN DU FIRA DEN DU ÄR? (INTE DEN DU ÖNSKAR/VILL/TRODDE ATT DU BOR-
DE/KUNDE VARA – UTAN PRECIS DEN DU ÄR JUST NU).

HUR ERKÄNNER DU, GLÄDS ÅT OCH FIRAR DINA PRESTATIONER OCH FRAMGÅNG-
AR?

Bejubla

HUR ERKÄNNER DU, GLÄDS ÅT OCH FIRAR ATT DINA MOTGÅNGAR OCH MISSLYCK-
ANDEN?

KAN DU BÖRJA FIRANDE DE SMÅ HÄNDELSERNA I DIN VARDAG? HUR SKULLE DET
KÄNNAS? VARFÖR?

Bejubla

FINNS DET OLÖSTA KONFLIKTER, GAMMALT GROLL ELLER SKULDKÄNSLOR SOM BE-
HÖVER STÄLLAS TILL RÄTTA? KAN DU ORDNA DET INNAN FÖRSTA FROSTEN GRIPER
TAG I DEM?

BÄR DU OMKRING PÅ NÅGRA ÖVERTYGELSER OM ATT INTE VARA ELLER GÖRA
TILLRÄCKLIGT? VAD KAN DU SLÄPPA TAGET OM FÖR ATT VARA OCH KÄNNA DIG
"TILLRÄCKLIG"?

Begrav

Magi

När vi förbereder oss för en ny års-
tid med svalare dagar och läng-
re nätter, kan vi också fånga
tillfällen och stunder vi upp-
skattat.

En burk kan fyllas med
minnesjuveler: några rader
om glada, roliga, kärleksful-
la, minnesvärda ögonblick. El-
ler foton eller småsaker, infångade
under hela året, som påminner dig om en
plats, en person eller ett ögonblick.

Välj en burk (skål, kruka) och låt en ritual
ladda den med möjligheterna till nya värdeful-
la ögonblick. Reflektera över vad du önskar för
framtiden och vad du vill känna, och föreställ dig
att allt det flödar ner i din burk.

Om du vill kan du lägga ner saker som repre-
senterar dina önskningar eller addera ord och
färger som representerar dem.

Vid den här tiden nästa år har du en
burk fylld av glädjestunder.

HÖSTMAGI

En enkel ritual som är lätt att
göra – men kraftfull. Samla torra
löv. På varje löv skriver du något
du vill bli av med.

Krossa ett löv i taget i handen och
låt smulorna spridas för med vinden.

Fotografier

Jayalekshman Sj; s 78

Dario Brönnimann; s 79

Rachael Gorjestani; s 85

Alex Seinet; s 88

Artur Łuczka; s 91

Sarah Khan; s 100

Gary Bendig; s 101

Pezibear @Pixabay; s 86

Siim Lukka; s 103

Markus Spiske; s 107, 110, 151

Mathias Nevière; s 107

Mila Young; s 108

Aron Burden; s 113

Javier Esteban; s 122

J'Waye Covington; s 123

Bence Balla-Schottner; s 125

Irina Iriser; s 128

Daiga Ellaby; s 129

Niklas Hamann; s 130

Alex Josefsson; 135

Omar Ram; s 144

Lucas Silva Pinheiro Santos; s 145

Tetiana Shyshkina; s 151

Joseph V M; s 152

Phillip L Arking; s 157

Kevin Mueller; s 166

Ksenia Yakovleva; s 167

Omid Armin; s 173

Ellie Ellien; s 173

Irena Carpaccio; s 174

Autumn Mott Rodeheaver; s 178

Zhang K Aiyv; s 188

Heather Ford; s 189

Martin Widenka; s 189

Most photos via Unsplash.com

Tack!

Typografi

PLAYFAIR är designad av Claus Eggers Sørensen, en dansk typsnittsdesigner baserad i Amsterdam, Nederländerna.

Typsnittets form speglar det sena 1700-talet, utan att återskapa eller uppdatera en specifik design, är den influerad av John Baskervilles design och typsnittsklassen Scotch Roman. [Källa: Google Fonts]

NOTO SANS, och Noto-familjen, är designade med målet att skapa visuell harmoni över flera språk, skript och plattformar. I ärlighetens namn är det inte det perfekta valet för tryck, men efter en del funderande valde jag att behålla det.

De latinska tecknen i Noto Sans är baserade på Droid Sans och Open Sans, båda designade av Steve Matteson.

Namnet Noto har en historia. "Tofu syftar på de ihåliga fyrkanter som visas när det saknas typsnitt för ett visst tecken, dessa rutor är kända som 'tofu'. Tanken är att en användare som installerar samtliga typsnitt aldrig kommer att se dessa fyrkanter 'ingen mer tofu'." [Källa: Wikipedia]

Författaren

ANNA LINDER är en grafisk formgivare, visuell poet och bokformgivare. Hon är också skribent men har inte riktigt accepterat den rollen.

Anna har levt med depression, ångest, medberoende, emotionell och verbal misshandel. Hon har också upplevt läkning, yogans helande, magin i naturen och stödet från djupt inkännande kvinnor som följer sina hjärtan.

2018 skapade hon The Book of Emotions genom att bjuda in författare, ledare, högkänsliga, empater och överlevare. Boken blir en guide till alla som har stängt av eller förlorat sitt interna navigationssystem i livet.

Annas önskan, för sig själv och sina läsare, är att navigera livet med större lätthet genom att kunna identifiera känslorna och hitta rytmerna i vår egna kropp, sinne och själ.

www.ingramcontent.com/pod-product-compliance
Lightning Source LLC
Chambersburg PA
CBHW051601250726
48653CB00004BA/1273